Disciplina sin gritos ni palmadas

Jerry Wyckoff, Ph.D.
Barbara C. Unell

Traducción de María Candelaria Posada

GRUPO
EDITORIAL
norma

Bogotá, Barcelona, Buenos Aires, Caracas,
Guatemala, Lima, México, Panamá, Quito, San José,
San Juan, Santiago de Chile, Santo Domingo

Wycoff, Jerry, 1935-
    Disciplina sin gritos ni palmadas / Jerry Wycoff, Barbara C.
Unell ; traductor María Candelaria Posada. -- Bogotá: Grupo
Editorial Norma, 2007.
    232 p. ; 21 cm.
    Título original: Discipline Without Shouting or Spanking.
    ISBN 978-958-45-0321-3
1.   Disciplina infantil – Guías 2. Conducta infantil –
Enseñanza 3. Educación de niños I. Unell, Barbara C.
II. Posada, María Candelaria, 1949-   , tr. III. Tít.
649.64 cd 21 ed.
A1127497

                    CEP-Banco de la República-Biblioteca Luis Ángel Arango

Título original en inglés:
Discipline Without Shouting or Spanking
de Jerry Wycoff, Ph.D. y Barba C. Unell
Una publicación de Meadowbrook Press,
5451 Smetana Drive, Minnetonka, MN 55343

Copyright ©2007 para América Latina
por Editorial Norma S.A
Apartado Aéreo 53550, Bogotá, Colombia
www.librerianorma.com
Reservados todos los derechos.
Prohibida la reproducción total o parcial de este libro,
por cualquier medio, sin permiso escrito de la Editorial.

Impreso por CARGRAPHICS S.A. — 1871
Impreso en Colombia - Printed in Colombia, julio de 2008

Traducción, María Candelaria Posada
Diseño de cubierta, Paula Gutiérrez
Diagramación, Blanca Villalba P.

Este libro se compuso en caracteres Perpetua

CC. 19928
ISBN 978-958-45-0321-3

Contenido

Este libro está dedicado a nuestros hijos adultos, Christopher Wyckoff, Allison Wyckoff, Justin Unell y Amy Unell, por sus invaluables y espontáneas contribuciones.

Prefacio

Si usted es padre, reconozca que serlo es la vocación más importante y el desafío más gratificante que tiene. Lo que usted hace cada día, lo que dice y la forma como actúa, puede hacer más para moldear el futuro de Estados Unidos que ningún otro factor.
Marion Wright Edelman

Todos los niños, especialmente los preescolares, tienen problemas de disciplina, sin importar cuán "perfectos" sean esos niños o sus padres. Tanto los niños equilibrados como los que no lo son, sin importar sus orígenes socioeconómicos, tienen deseos y necesidades al igual que sus padres. Los problemas se presentan cuando los deseos y necesidades de padres e hijos no encajan como las piezas de un rompecabezas.

Los ocasionales y agobiantes problemas de crianza de los hijos, a menudo, pueden minimizarse cuando los padres aprenden a acomodar sus respuestas a las necesidades de sus preescolares. Este libro ofrece soluciones prácticas para los problemas comunes de los niños en edad preescolar; son soluciones que los padres y encargados del cuidado infantil pueden aplicar en el momento de mayor tensión de los conflictos que surgen en el curso de la vida familiar.

Nuestra intención es mostrar a los padres cómo reaccionar en forma calmada, coherente y efectiva ante los problemas de disciplina, sin necesidad de gritos ni palmadas. Queremos ayudar a los padres a convertirse en "padres disciplinados", que puedan controlarse cuando sus hijos pierden el control. Al conservar el autocontrol, los padres evitan los peligros de usar la violencia en cualquiera de sus formas, ya sea infligida o bajo amenazas. Gritar y dar palmadas son formas de violencia que enseñan a los niños que infligir miedo y dolor en los demás es una vía para controlar su conducta.

El enfoque que seguimos en este libro —la disciplina como *enseñanza* más que como castigo— es reflejo de nuestra edición original, a la cual se suma lo mejor de nuestros cuarenta años de experiencia profesional conjunta en materia de asesoría a los padres. Hemos estudiado y enseñado psicología del desarrollo y de la infancia en la universidad; hemos formado parte del equipo de psicología en un hospital estatal para niños; hemos trabajado como psicólogos en un importante colegio distrital; hemos fundado cinco publicaciones nacionales periódicas sobre cuidado parental; hemos coordinado numerosos grupos de padres, seminarios nacionales y talleres, además de trabajar como consultores para escuelas distritales y centros de salud mental; hemos escrito mucho sobre crianza de los hijos para la radio, revistas y periódicos, al igual que para Internet y otros medios; y hemos criado un total de cuatro hijos.

Nuestros principios para implementar la solución de problemas y establecer estrategias de disciplina están basados en la psicología conductual, que estudia el comportamiento de los niños en marcos "reales": casas, colegios y patios de recreo. Desde la publicación de la primera edición de *Disciplina sin gritos ni palmadas,* en 1984, han surgido nuevos temas en el área del comportamiento. En esta nueva edición hemos abordado esos temas.

- Relaciones entre la violencia en el hogar y la violencia en la escuela.
- La conexión entre jugar con pistolas de juguete o imaginarias en edad preescolar, y el uso de armas en la escuela y otros lugares.
- El debate sobre las palmadas: ¿son dañinas unas cuantas palmadas?
- La influencia de los medios electrónicos (computadores, Internet, TV, juegos electrónicos) sobre la conducta.
- La preocupación sobre el diagnóstico de hiperactividad o Desorden de Hiperactividad y Déficit de Atención (ADHD)*.

---

* Sigla en inglés: Attention Deficit Hyperactivity Disorder.

- Las causas y consecuencias a largo plazo de la obesidad infantil.
- El desafío de la disciplina para los padres solos.
- El papel crucial que juegan los padres en la construcción y conservación de la empatía en los niños.

Diseñamos esta versión del libro, como la edición original, para ser una guía de referencia útil para los padres y encargados del cuidado de los niños: un manual de primeros auxilios para solucionar los problemas de mala conducta. Reconocemos que los padres necesitan recibir información breve, inmediata y práctica. Ofrecemos consejos sobre cómo prevenir los problemas de conducta y cómo resolverlos cuando se presenten. También incluimos "casos" que ilustran cómo algunas familias ficticias han empleado estrategias para resolver problemas reales.

¿Quién es un niño en edad preescolar?

Usamos los términos *años de preescolar* para describir los días y las noches maravillosos y llenos de metamorfosis, durante los cuales un niño de un año de repente parece convertirse en un adulto de cinco años en miniatura. En general, un preescolar es un niño que no ha alcanzado la edad para ir a la escuela (*kindergarten* o primer grado). Esta clasificación incluye a los niños pequeños que están aprendiendo a caminar pero no a los infantes. Los recién nacidos y los niños menores de un año son criaturas únicas, que se guían principalmente por necesidades (comida, sueño y contacto humano) y que se satisfacen mediante un proceso de nutrición física y emocional. Mientras que las necesidades de los preescolares, por otro lado, con frecuencia reclaman estrategias psicológicas. Por esta razón, este libro se enfoca en los niños que se encuentran en la posinfancia, cuyo desarrollo normal genera problemas de conducta que obligan a los padres y encargados del cuidado infantil a adoptar estrategias civilizadoras para dar a los niños los instrumentos necesarios para convertirse en seres humanos felices y saludables. El trabajo central que se cumple durante los años de preescolar consiste en la enseñanza y la civilización que los prepara para la escuela formal (ver *La transición a la escuela primaria para usted y su hijo*, pág. 22).

Nota: antes de aplicar las reglas básicas de cada capítulo, por favor lea *Señales de desarrollo* (pág. 24) y *Las diferencias entre niños y niñas* (pág. 21). Hacerlo le ayudará a comprender las características generales de la conducta entre los niños de uno a cinco años, al igual que la influencia de la estructura del cerebro, la química corporal y los procesos hormonales en las diferencias en el comportamiento de niños y niñas. Comprender el desarrollo de los preescolares le ayudará a evitar caer en el error de concebir algunas conductas como anormales, y a no culparse erróneamente a sí mismo por ocasionar malas conductas en su hijo. Por ejemplo, para comprender las motivaciones que están detrás de los abundantes usos del *no* entre los niños de dos años, ayuda saber que la negación es una parte normal de la conducta a esa edad. Para entender por qué los niños generalmente son más agresivos que las niñas durante sus rabietas, ayuda saber algo sobre las diferencias biológicas entre los sexos.

Introducción

Los años de preescolar constituyen una etapa primordial de aprendizaje físico, emocional e intelectual en la vida. En sus mejores momentos, los preescolares son curiosos, imaginativos, entusiastas e independientes. En las peores etapas, son obstinados, cohibidos y aferrados. Tanto su personalidad de camaleón como su incapacidad para usar la lógica adulta los convierten en clientes difíciles para venderles lecciones de conducta para la vida. Los preescolares viven en un mundo que resulta desafiante tanto para ellos como para sus padres, y enseñar a los preescolares, que es en lo que consiste realmente la disciplina, es a veces una tarea muy fácil y otras, una realmente complicada.

Pero esto no debería sorprender. Los padres y sus hijos en edad preescolar generalmente están separados al menos por veinte años de edad y por años luz de experiencia, habilidad de razonamiento y capacidad de autocontrol. También tienen diferentes ideas, sentimientos, expectativas, reglas, creencias y valores sobre sí mismos, sobre el otro y sobre el mundo. Por ejemplo, los niños nacen sin saber que no está bien escribir en las paredes. Ellos sólo aprenderán a expresar sus talentos artísticos por los medios deseados si sus padres les enseñan consistentemente dónde pueden escribir, los elogian cuando obedecen las indicaciones y les explican las consecuencias de romper las reglas.

Igualmente, los niños tienen sus propias necesidades, deseos y sentimientos, muchos de los cuales no pueden articular bien. Durante sus primeros cinco años, luchan por convertirse en seres humanos independientes y se rebelan ante el hecho de ser "criados" por gente mayor.

Los objetivos primordiales que tienen los padres para sus hijos preescolares son los fines inmediatos que ellos tienen para sí mismos: autocontrol y autosuficiencia. Para los padres resulta muy importante entender que operan a un nivel diferente al de sus hijos, y que la habilidad de cada niño para aprender es única. Esta comprensión ayuda a los padres a utilizar la empatía, la confianza y el respeto, como actitudes fundamentales para cimentar una comunicación saludable entre la familia.

La primera tarea que enfrentan los padres de niños preescolares es *enseñarles la conducta adecuada de forma que puedan entenderla*. Por ejemplo, cuando se enfrentan a las rabietas de sus hijos, los padres no sólo tratan de restablecer la calma y el orden en sus hogares, sino que tratan de enseñar a sus hijos cómo manejar la frustración y la ira de manera más apropiada. Los padres deben seguir la conducta que quieren enseñar; también tienen que comunicar sus valores de manera que sean tan importantes para sus hijos como lo son para ellos mismos.

Formar niños emocionalmente fuertes

Los hijos que creen que son dueños de su destino, que experimentan sentido de pertenencia y que se sienten competentes, están en mejores condiciones para convertirse en niños y adultos fuertes y capaces de superar sus propios problemas. Este hecho es tan cierto hoy como en 1984, cuando se publicó la primera edición de *Disciplina sin gritos ni palmadas*. En este libro, como en *How to Discipline Your Six to Twelve Year Old...Without Loosing Your Mind* (Doubleday, 1991), le ayudamos a entender que los niños crecen bien en un ambiente donde los padres:

- Aceptan la personalidad y el temperamento innatos de sus hijos.
- Les ayudan a desarrollar el sentido de responsabilidad sobre sus actos.
- Conforman un clima de amor y seguridad sobre la base de una confianza mutua.

- Les enseñan habilidades para la toma de decisiones y la solución de problemas.
- Les enseñan a manejar las equivocaciones más como desafíos que como desastres.

La paternidad es naturalmente problemática

Debido a que la infancia está naturalmente llena de problemas y conflictos, los padres necesitan hacerse un par de preguntas antes de etiquetar la conducta de sus hijos como un "problema".

¿Qué tan frecuentemente ocurre cierta clase de mal comportamiento?

¿Y qué tan intenso es? Por ejemplo, si su hijo se pone furioso con frecuencia, la furia puede ser su reacción natural hacia la decepción. Sin embargo, si se vuelve tan furioso que se arriesga a herirse o a hacer daño a los demás, usted necesita encontrar la forma de, por lo menos, reducir la intensidad de su furia.

¿Yo tolero el mal comportamiento de mis hijos?

Sus prejuicios, necesidades o reglas le permiten tolerar e incluso encontrar divertidos algunos comportamientos que a otros padres les parecerían intolerables. Preguntarse: "¿Qué pensarán los vecinos?" desplaza el problema fuera de la familia. Un padre que acepta lo que hace el niño en casa puede darse cuenta de que otros padres no lo aprobarían; entonces, ese padre puede decidir hacer algo respecto a esa mala conducta.

La conducta del niño se convierte en un dilema o en un problema cuando interviene el punto de vista de los padres o la perspectiva de otros padres. Por su parte, los niños no conciben su conducta como un problema; ellos simplemente no han aprendido todavía la conducta adecuada o las formas de autocontrol para buscar la satisfacción.

Para manejar adecuadamente los problemas de conducta de sus hijos, los padres mismos necesitan ser más disciplinados (donde la *disciplina* se define como un proceso de aprendizaje-enseñanza que conduce al orden y al autocontrol). El comportamiento de los padres tiene que cambiar antes de que el comportamiento de sus hijos cambie; y los padres deben volverse disciplinados antes de que sus hijos estén en camino de convertirse en personas autodisciplinadas.

Temas de disciplina para padres solos

Educar solo a un niño pequeño es un trabajo muy difícil, incluso para la madre o padre más experimentado. No sólo se trata de un trabajo de 24 horas diarias, durante siete días a la semana y que requiere infinita paciencia, sino que está hecho para un esfuerzo en equipo. Educar un niño independiente, autosuficiente, afectuoso y con empatía se facilita cuando los padres trabajan juntos para planear estrategias, compartir deberes y decidir reglas. Pero eso no siempre es posible.

En lugar de concentrarse en tratar de controlar lo que el padre que vive en otra casa —e incluso en otra región— hace o no hace, tanto padre como madre deben estar bien asesorados para desarrollar el plan más eficiente de disciplina que enseñe comportamientos responsables, estimule actitudes positivas y proporcione fuerza emocional. Como todos los padres, un padre o madre solos deben desarrollar un sistema de apoyo esencial con el jardín infantil, la guardería, las niñeras y la familia extensa.

El ABC de la crianza disciplinada

Más de cuarenta años de investigación y experiencia en el tema de la conducta, basándonos en la teoría y en nuestro trabajo con miles de familias, nos han enseñado que, tanto por razones prácticas como filosóficas, es importante separar al niño de su conducta cuando se trata de enfrentar problemas de comportamiento. Llamar "cerdo" a un niño no va a ordenar los juguetes que dejó tirados ni a enseñarle a tener una conducta ordenada. Sólo puede afectar al niño, porque contribuye a crearse una imagen nociva de sí mismo, que tal vez se convierta en una profecía cumplida. Lo mejor para la autoestima del niño es concentrarse en medios específicos y constructivos para cambiar su conducta. Basados en ese principio, he aquí nuestro ABC:

Decida cuál es el comportamiento específico que quiere cambiar

Si se concentra en aspectos específicos más que abstractos, podrá manejar las cosas mejor. Por ejemplo, no le diga a su niño que sea ordenado; explíquele que usted quiere que ordene sus juguetes antes de salir a jugar.

Elogie los comportamientos de su hijo

No elogie a su hijo; en cambio, elogie lo que *hace*. Por ejemplo, en vez de decir: "Eres una niña buena por haber permanecido sentada", diga: "Es bueno que hayas permanecido sentada". Concentre su aprobación o desaprobación sobre el comportamiento del niño, porque eso es lo que quiere manejar.

Continúe con los elogios tanto como lo requieran los nuevos comportamientos

Elogiar las cosas apropiadas que hace su hijo le recuerda a él sus expectativas y refuerza su modelo de buena conducta. El elogio motiva a su hijo para continuar comportándose adecuadamente.

Evite las luchas de poder con su hijo

Por ejemplo, usar técnicas como ganarle-al-reloj (pág. 26) cuando quiera que su hijo se aliste para irse a la cama más rápidamente, puede ayudar a reducir el conflicto de la relación padre-hijo, porque usted ha transferido la autoridad a una figura neutra: el reloj.

Esté allí

Esto no significa que los padres tienen que estar con sus hijos cada minuto de todos los días; significa que los niños necesitan supervisión permanente. Si los padres no prestan cuidadosa atención a sus hijos, muchos problemas de conducta pasarán inadvertidos y no se corregirán.

Evite ser un historiador

Deje el mal comportamiento atrás y no lo saque a colación constantemente. Si su hijo comete un error, recordárselo todo el tiempo sólo conducirá al resentimiento e incrementará la propensión a la mala conducta. Lo hecho hecho está. Tiene más sentido trabajar por un futuro mejor que permanecer en el pasado. Recordar los errores a su hijo sólo refuerza lo que *no* debe hacer, pero no le muestra lo que debe hacer.

Gritar y dar palmadas es contraproducente

Los principios resumidos en este libro exponen lo que *debemos* hacer como padres cuando nos confrontamos con la mala conducta de nuestros hijos. No obstante, lo que hacemos frecuentemente es gritar y dar palmadas a nuestros hijos, especialmente cuando estamos cansados, o alterados y frustrados porque no nos obedecen. Gritar y dar palmadas son respuestas muy naturales ante la mala conducta, especialmente ante la mala conducta continua, pero esas respuestas también son bastante contraproducentes. Estas conductas *nunca* enseñan el comportamiento adecuado, que es la tarea número uno en la crianza de los niños. De hecho, enseñan precisamente lo contrario:

- Cómo gritar
- Cómo golpear
- Cómo ser solapado
- Cómo temer

- Cómo sentirse avergonzado
- Cómo descargar la ira en los demás

Todos los tipos de gritos o palmadas —ligeros, moderados, ocasionales, raros, permanentes— le ofrecen al niño la atención errónea. Si esa es la única clase de atención que recibe, tal vez se comporte mal para hacerse notar. Además, los padres no siempre saben si dar palmadas funciona, porque no observan realmente su efecto en el comportamiento del niño a lo largo del tiempo. Dar palmadas como castigo simplemente entierra momentáneamente la mala conducta: impide que la mala conducta se exprese frente a los padres, pero no la inhibe en las demás circunstancias. De hecho, los niños se vuelven expertos en que no los atrapen. Los padres incluso llegan a decirles: "¡Que no te vuelva a atrapar otra vez haciendo eso!"

En la jerarquía del desarrollo moral, como la define Lawrence Kohlberg, el nivel más bajo es "seguir las reglas sólo para evitar el castigo". El nivel más alto es "seguir las reglas porque son correctas y buenas"[1]. Cuando los padres dan palmadas a sus hijos por su mala conducta, los conducen al nivel más bajo del desarrollo moral. El niño se orienta a evitar el castigo y no se interesa por hacer lo que es bueno o correcto.

Recibir palmadas es también la primera experiencia de violencia que tiene el niño, quien aprende a comportarse de manera violenta a través del ejemplo de los adultos. Esta es una razón convincente para evitar las palmadas, especialmente cuando hay una creciente exposición de violencia para los niños en los medios de comunicación (ver pág. 151). Resulta difícil justificar la advertencia de "¡No golpees!" cuando usted está golpeando a su hijo porque él golpeó a alguien.

Los niños ven el mundo en términos concretos. Cuando observan que es admisible que los adultos golpeen a los niños, suponen que también tiene que ser permisible que los niños les peguen a los adultos o a otros niños. Golpear genera más golpes y también genera rabia, venganza y la ruptura de la comunicación entre los padres y sus hijos.

El mensaje *principal* que se transmite cuando los padres gritan o dan palmadas es que los adultos son más grandes, fuertes y poderosos que los niños, y que pueden infligir miedo y dolor si se disgustan. De ello resulta la sensación de ser víctimas y de sentirsen impotentes frente al tamaño y la fuerza de los mayores; este produce miedo y ansiedad en los niños, y finalmente produce el deseo de usar la violencia cuando están molestos.

No se derivan consecuencias positivas de dar palmadas. De hecho, el nexo entre la victimización de los niños y los posteriores problemas de manejo de rabia, como se discute en el trabajo de Jay Barrish y otros[2], refuerza más el argumento para crear una política de cero tolerancia en cuanto a las palmadas en su casa, en la guardería durante el día, en el jardín infantil y en otros escenarios. No obstante, crear una política de cero tolerancia no debe conducir necesariamente a castigos criminales por dar palmadas. En su lugar, esa política debe ser una declaración de su propia creencia en que la disciplina debe ser un sistema de enseñanza que construya una conducta adecuada.

La esencia aprendida de la violencia

Se han llevado a cabo muchas investigaciones para identificar las causas de las conductas violentas en niños y adultos. A pesar de tener resultados todavía algo controvertidos, el trabajo del doctor Lonnie Athens, como está citado en el libro de Richard Rodhes, *Why They kill*[3], presenta evidencia sólida respecto al desarrollo de adultos violentos.

El doctor Athens realiza profundas entrevistas a personas que fueron detenidas por conducta violenta. Las entrevistas revelan que los niños que reciben maltrato frecuente, que son amenazados con maltrato, o que son testigos del maltrato a otros, se encuentran en un riesgo muy alto de aprender que la violencia es un medio para resolver problemas, alcanzar lo que quieren o protegerse a sí mismos de amenazas percibidas. Cuando se alcanzan esos objetivos mediante la violencia, los niños se ganan la reputación de ser personas del tipo "nadie se mete conmigo". Derivan gloria de la infamia, y la violencia se convierte en una forma de vida. Creemos que resulta realmente importante, para todos los que cuidan niños, ser conscientes de las peligrosas consecuencias del uso de la violencia en cualquier forma, sea bajo amenaza o ejercida realmente sobre un niño u otra persona. Cuando quienes tienen niños a cargo entiendan este riesgo, creemos que renunciarán a sostener que las palmadas son una opción de disciplina.

La importancia de la empatía en la disciplina

La empatía es la habilidad para identificarse con y entender los sentimientos, situaciones y motivos de otros. Todos los niños nacen con la capacidad para sentir empatía. Las investigaciones indican que esta habilidad varía de niño en niño a medida que crecen, y que las niñas tienen mayor capacidad que los niños para interpretar las emociones. De todas maneras, cuando se encuentran cerca de los dos años de edad, tanto niños como niñas son capaces de entender los sentimientos de los demás. Cuando tienen alrededor de cuatro años, poseen la habilidad para comprender las razones de los sentimientos de los demás. De todos modos, si la empatía está por crecer y florecer, los padres deben nutrir su desarrollo.

El factor más importante para construir y conservar la empatía en los niños es respetar su individualidad mediante el ejemplo de la empatía, la comprensión y el afecto, sin importar cuán difícil de manejar sea el comportamiento de un niño. Por ejemplo, al iniciar su respuesta a una conducta inapropiada con la declaración "Siento que hayas elegido hacer eso…", le está mostrando a su hijo que usted se preocupa por sus sentimientos y siente empatía hacia la situación incómoda en que está el niño. Adicionalmente, los padres pueden desarrollar su potencial para estar compenetrados con sus hijos al recalcar el impacto de su conducta sobre otros.

A la inversa, el uso de gritos o palmadas para manejar la conducta de los niños desgasta su capacidad para sentir empatía. Cuando reaccionamos con rabia hacia las conductas de los niños, les enseñamos a actuar sin considerar los sentimientos de las otras personas; una consecuencia que debemos evitar. Los estudios de JoAnn Robinson, Ph.D., de la Universidad de Colorado[4], respaldan esta verdad. Ella informa que una mayor afectuosidad materna se asocia con el incremento en la empatía del niño durante el segundo año de vida, pero los niños cuyas madres los controlan con rabia muestran descensos en la empatía. Sin empatía, es casi imposible que los niños aprendan a compartir sus juguetes, a jugar con los demás, a evitar la rabia y las reacciones violentas frente a la adversidad, y a asumir la responsabilidad sobre sus actos.

Usar las estrategias positivas para enseñar, resumidas en este libro, no sólo le ayudará a conservar alto *su* cociente de empatía, sino que también le permitirá desarrollar el potencial de sus hijos para que se conviertan en adultos afectuosos, solidarios y con empatía.

El papel de hablarse a sí mismo

Invitamos a los padres a usar lo que llamamos *hablarse a sí mismos*, para ayudarles a evitar caer en el hábito de decirse cosas irracionales. *Hablarse a sí mismo* se define como lo que las personas pueden decirse a sí mismas para manejar su conducta. Por ejemplo, si un padre se dice: "¡No puedo soportar los gritos de mi hijo!", entonces el nivel de tolerancia de ese padre hacia los chillidos se verá ampliamente disminuido. Sin embargo, si el padre dice: "No me gusta que mi hijo grite, pero puedo soportarlo", eso no sólo hará que el padre sea capaz de tolerar los gritos durante largo tiempo, sino que tendrá más probabilidades de planear estrategias efectivas para cambiar esa conducta.

Hablarnos a nosotros mismos puede prepararnos para el éxito más que para el fracaso. Lo que nos decimos a nosotros mismos constituye los mensajes más importantes que recibimos; así que hablarse a sí mismos es un gran instrumento para los padres de niños preescolares. Si los padres pueden calmarse en momentos de estrés, al hablarse a sí mismos tendrán más probabilidades de hacer seguimiento con actos razonables y responsables.

En ocasiones, los padres se sabotean a sí mismos cuando su diálogo inerno los estimula a "seguir a la multitud". Por ejemplo, si los padres del amigo de su hijo dejan a los niños usar la cama como trampolín, usted puede sentirse presionado a hacer lo mismo al decirse que si no lo hace, no entrará en el "club de los buenos papás". Este hablarse a sí mismo, influido por presión de los pares, puede ser inofensivo: usted compra cierta clase de mantequilla de maní porque otros padres la compran. Sin embargo, también puede ser peligroso si lo conduce a gritar o dar palmadas a su hijo porque otros papás o mamás lo hacen. En vez de seguir a la multitud, lo alentamos a seguir su propio corazón, su sentido común y su conocimiento de las más efectivas y afectuosas formas de criar hijos responsables, autosuficientes y con empatía.

Las diferencias entre niños y niñas

Para comprender mejor la conducta de su hijo preescolar, resulta útil entender las diferencias entre niños y niñas. Esta información puede ayudarle a distinguir entre comportamientos normales y los que hay que abordar como asuntos de disciplina. Conocer las diferencias naturales entre niños y niñas también puede ayudarle a evitar las comparaciones entre sus hijos de distintos sexos (ver también *Señales de desarrollo*, pág. 23, para más información sobre desarrollo preescolar).

Las investigaciones han mostrado que los niños y las niñas presentan diferencias en la estructura del cerebro, la química corporal y las hormonas, y que esas diferencias influyen fuertemente en las desigualdades de comportamiento entre los dos géneros. Por ejemplo, el cerebro de los niños se desarrolla más lentamente que el de las niñas. En los niños, el lado izquierdo del cerebro, que controla el pensamiento, se desarrolla más lentamente que el lado derecho, que controla las relaciones espaciales. Como resultado de esto, la conexión entre los dos hemisferios no está formada por completo en los niños, quienes generalmente gozan de mayor habilidad en matemáticas y razonamiento, pero padecen de menor habilidad para el lenguaje y la lectura.

El cerebro de las niñas se desarrolla más uniformemente, lo que les confiere la capacidad para usar ambos hemisferios en actividades como la lectura y la conciencia emocional. El cerebro femenino trabaja la mayor parte del tiempo, permitiendo a las niñas ser más hábiles en tareas múltiples. El cerebro de las niñas también secreta más serotonina, un neurotransmisor que inhibe la agresión.

Por otra parte, el cerebro de los niños secreta más testosterona, una hormona que impulsa la agresión. Como resultado, los niños tienden a buscar gratificación inmediata (comer rápido, saltar de actividad en actividad), a moverse rápido para resolver problemas (incluso en situaciones de alto nivel emocional), y a comprometerse en actividades que crean tensión (deportes, concursos, juegos). Estas tendencias les permiten a los niños liberar la energía acumulada.

Otras diferencias* comunes entre niñas y niños incluyen lo siguiente:

- Los niños prefieren concentrarse en una sola tarea y reaccionan más agresivamente a las interrupciones.
- Las actividades motrices de las niñas alcanzan el punto máximo menos rápidamente, son menos vigorosas y duran menos.
- Los niños crean y emprenden juegos que ocupan mayores espacios, y necesitan estar más tiempo fuera.
- La atención de las niñas hacia los objetos es menos fugaz y menos activa.
- Las niñas confían más en sus cinco sentidos.
- Los niños son más hábiles con la información visual que se presenta a su ojo izquierdo, que alimenta el hemisferio derecho.

---

* Estas diferencias son generalizaciones amplias basadas en una extensa cantidad de investigaciones sobre el desarrollo de niñas y niños, pero los casos individuales de niños y niñas pueden variar respecto a estas tendencias.

- Cuando están cerca de los cinco años, las niñas se encuentran seis meses más adelante que los niños en el desarrollo general.
- Los niños que se ven a sí mismos como fuertes físicamente buscarán juegos duros y caídas.
- Los niños que se sienten seguros y capaces buscarán la independencia más temprano que las niñas.

La transición a la escuela primaria para usted y su hijo

Los niños de uno a cinco años son conocidos como *preescolares*, porque esta es la etapa en la cual se vuelven autodisciplinados o "civilizados", mediante el proceso preeducativo que los prepara para funcionar en el mundo organizado y reglamentado de la escuela primaria. Entonces, ¿quién los civiliza? Los padres, los encargados del cuidado infantil, las profesoras de preescolar, los entrenadores, los amigos, los miembros de la familia extensa, los vecinos y otros adultos juegan papeles importantes en la enseñanza de virtudes, como la empatía, la paciencia, el autocontrol, la responsabilidad, el respeto, la cooperación, el valor, la cortesía, la perseverancia y la honestidad[5].

Una constante brújula moral de virtudes guiará a los niños en su viaje desde ser "pequeños" preescolares hasta convertirse en "grandes" escolares de la escuela primaria. Es crucial para los padres la selección cuidadosa de los primeros profesores de sus hijos preescolares, basados en su capacidad para enseñar estas virtudes. Los niños tienen que aprender a jugar cooperativamente y a convertirse progresivamente en niños autosuficientes cuando estén separados de sus mamás y papás durante largos periodos. Los años de preescolar son el fundamento de la disposición de los niños para el aprendizaje.

En nuestro libro *The Eight Seasons of Parenthood* (Times Books, 2000), describimos cómo las conductas de los preescolares obligan a los padres a asumir la identidad de "gerente de familia" cuando les enseñan a sus hijos las conductas adecuadas. Cuando los niños dejan de ser seres indefensos y horizontales para convertirse en seres erguidos, móviles, que hacen las cosas por sí mismos, lo padres dejan de ser los administradores de las vidas de sus hijos para convertirse en magos que entran a trabajar, cocinar, lavar, conducir y jugar, todo esto mientras son los primeros y más importantes profesores de sus hijos. Convertirse en madre o padre es mucho más que dar nacimiento a un niño. Es un proceso de desarrollo que continúa durante el resto de la vida.

Señales de desarrollo

La siguiente lista describe algunas de las señales que los padres de niños de uno a cinco años pueden esperar de ellos durante su etapa preescolar.

Estas señales se presentan de acuerdo con la edad en la que usualmente ocurren. Puesto que cada niño se desarrolla según su propio horario, un niño particular puede estar más allá, en, o atrás del promedio estadístico. Consulte con el médico si su hijo se encuentra consistentemente retrasado respecto a estas señales o si está preocupado por otros aspectos de su desarrollo.

Edad	Señales
1-2 años	• Explora su ambiente; interactúa con las cosas. • Duerme una siesta larga durante el día. • Juega solo durante breves periodos. • Explora su cuerpo.
2-3 años	• Corre, se trepa, empuja, hala; es muy activo. • Las piernas se ven unidas en las rodillas y apartadas en los tobillos. • Come por sí mismo, con los dedos, la cuchara y la taza. • Puede quitarse alguna de su ropa. • Explora sus genitales.

- Duerme menos y se levanta fácilmente.
- Le gustan las rutinas.
- Se molesta si su madre está lejos durante la noche.
- Quiere hacer las cosas por sí mismo.
- Es terco e indeciso; cambia de ideas.
- Tiene destellos de mal genio; cambia con frecuencia de estado de ánimo.
- Imita a los adultos.
- Juega al lado de otro niño, pero no con niños de su misma edad.
- Todavía no es capaz de compartir, esperar, tomar turnos, darse por vencido.
- Le gusta jugar con el agua.
- Prolonga el ritual de las buenas noches.
- Usa palabras sueltas y frases cortas.
- Con frecuencia es negativo; dice "no".
- Entiende más de lo que puede decir.

3-4 años
- Corre, salta y trepa.
- Come por sí mismo; bebe cuidadosamente de la taza.
- Lleva cosas sin derramarlas.
- Ayuda a vestirse y desvestirse.
- Puede no dormir siesta, pero juega tranquilamente.
- Es receptivo hacia los adultos; busca aprobación.
- Es sensible a las expresiones de desaprobación.
- Coopera; le gusta hacer recados sencillos.
- Es la etapa de "¡Yo también!"; quiere que lo incluyan.
- Es curioso respecto a las personas y las cosas.
- Es imaginativo; puede temer a la oscuridad y a los animales.
- Puede tener un amigo imaginario.
- Puede levantarse de la cama en la noche.

- Es locuaz; usa frases cortas.
- Puede esperar su turno; tiene un poco de paciencia
- Puede asumir algo de responsabilidad, como ordenar sus juguetes.
- Juega bien solo, pero jugar en grupo puede ser tormentoso.
- Es apegado al padre del sexo opuesto.
- Es celoso, especialmente si hay un nuevo bebé.
- Muestra sentimientos de culpabilidad.
- Libera inseguridad emocional con chillidos, gritos y exigencias de garantía de amor.
- Libera tensión al chuparse el dedo o morderse las uñas.

4-5 años
- Sigue ganando peso y altura.
- Alcanza mayor coordinación.
- Tiene buen apetito, sueño y buenos hábitos de eliminación .
- Es muy activo.
- Comienza cosas, pero no necesariamente las termina.
- Le gusta mandar y es presuntuoso.
- Juega con otros pero es asentivo.
- Tiene peleas pasajeras.
- Habla claro; es un gran hablador.
- Cuenta historias; exagera.
- Usa eufemismos para los hábitos de ir al baño.
- Crea palabras sin sentido con muchas sílabas.
- Se carcajea, suelta risitas.
- Se demora.
- Se lava cuando se le pide.
- Es la etapa del *¿cómo?* y del *¿por qué?*.
- Muestra dependencia hacia sus pares.

El diccionario de la disciplina

Los siguientes términos se definen de acuerdo con el sentido que se les da en este libro:

Ganarle-al-reloj

Es una técnica de motivación que apela a la naturaleza competitiva de su hijo para alentarlo a terminar las tareas dentro de un horario. Funciona así: programe un reloj por el tiempo que quiere darle a su hijo para que termine una tarea. Pregunte: "¿Puedes terminar antes de que suene el reloj?" Puesto que a los niños les encanta ganar, esto les permitirá obtener la victoria en una carrera contra el tiempo. Lo más importante es que su hijo terminará la tarea bajo una estrategia de tiempo y no mediante una lucha de poder. Nuestros cuarenta años de trabajo con miles de niños y familias nos han mostrado que ganarle-al-reloj reduce los conflictos entre padres e hijos, porque transfiere la autoridad a una figura neutral: el reloj.

La regla de la abuela

Es un acuerdo contractual que sigue el patrón "Si has hecho X cosa (lo que los padres quieren que haga el niño), entonces puedes hacer Y cosa (lo que el niño quiere)". La regla de la abuela está más dispuesta hacia lo positivo que hacia lo negativo. Nunca sustituya "Si" por "Cuando". Esto alienta al niño a preguntar: "¿Y qué si no hago X cosa?" La regla de la abuela, que se deriva del axioma "Si trabajas, comes", tiene un poderoso efecto en el comportamiento porque ordena los refuerzos establecidos (premios, consecuencias positivas) para la conducta apropiada.

Tiempo neutral

Es un tiempo libre de conflicto, como los momentos después de terminada la rabieta, cuando su hijo juega tranquilamente. El tiempo neutral es el mejor momento para enseñar una nueva conducta, porque su hijo está calmado y receptivo para aprender.

Elogiar

Es un reconocimiento verbal de la conducta que usted quiere reforzar. El elogio siempre debe referirse a la conducta y no al niño. Por ejemplo, hay que decir "Qué buena comida" y no "Cómo come de bien la niña". Cuando usted dice "Cómo come de bien la niña", está haciendo algo que no quiere hacer: conectar el valor de la niña con su conducta. Usted no quiere enseñarle a una niña que, en tanto se comporta adecuadamente, es una buena persona, pero que si comete un error, se convierte en una niña mala. Creemos que los niños son inherentemente buenos. Su conducta es lo que los padres juzgan y se esfuerzan por cambiar para mejorarla.

Reprender

Es una breve exposición que incluye lo siguiente: (1) una orden de detener la conducta; (2) la razón por la cual una conducta se debe detener; (3) una alternativa para esa conducta. Por ejemplo, puede decirle a su hijo: "Deja de golpear. Los golpes lastiman a las personas. Pídele amablemente a tu amigo que te devuelva el juguete".

Regla

Es una expectativa de conducta predeterminada que incluye resultados puntuales y consecuencias establecidas. Por ejemplo, una de sus reglas puede ser: "Colocamos nuestra ropa sucia en la cesta cuando nos la quitamos; así podemos mantener la casa en orden y no tenemos que estar levantando cosas todo el tiempo. Para recordar esta regla no tienes que practicar poner tu ropa sucia en la cesta". Establecer y hacer cumplir las reglas es una técnica efectiva de solución de problemas. Nuestros años de trabajo con niños y familias nos han mostrado que los niños se comportan más apropiadamente cuando su mundo tiene límites claros y cuando pueden anticipar las consecuencias de su conducta.

Tiempo fuera

Consiste en sacar al niño de una situación por determinado tiempo, generalmente después de una conducta inadecuada. Un típico tiempo fuera implica sentar al niño o enviarlo a su habitación, y programar el reloj durante cierto periodo (aproximadamente un minuto por cada año de edad, hasta máximo cinco minutos), y decirle que debe permanecer allí hasta que suene el timbre. Si él o ella rompe el tiempo fuera antes del timbre del reloj, programe de nuevo el reloj y dígale que debe permanecer allá hasta que suene. Repita el proceso hasta que logre permanecer en el tiempo fuera durante el periodo establecido. Uno de los beneficios del tiempo fuera es que lo separa a usted de su niño cuando la rabieta estalla, y les da la oportunidad a los dos de recuperar el autocontrol.

Cómo usar este libro

Para usar este libro con mayor efectividad, considere cada sugerencia de *Qué hacer* como una solución para cierto problema de conducta. Juzgue usted mismo la seriedad del problema, y luego comience con la medida menos severa de primeros auxilios. El principio guía para cambiar la conducta de los niños es "Primero intente la estrategia más suave". Esto generalmente significa mostrarle a su hijo qué hacer y alentarlo a hacerlo. Si esto no funciona, intente la siguiente estrategia más moderada, y proceda desde allí hasta que encuentre algo que funcione. Es igualmente importante saber qué *no* hacer en una crisis de conducta, así que preste especial atención a las sugerencias sobre *Lo que no debe hacer*, que figuran en listas en cada sección; estas le ayudarán a prevenir la recurrencia de algunos problemas de conducta o a evitar que empeoren.

Puesto que padres e hijos son individuos, algunas palabras o acciones, tal como se aplican en situaciones específicas en este libro, pueden ser percibidas con más naturalidad por algunos lectores. Cambie una o dos palabras si encuentra que el lenguaje no fluye cómodamente en su boca. Los niños de uno a cinco años son extremadamente conscientes, y muy sensibles a los sentimientos y las reacciones sutiles de sus padres. Busque que lo que dice y hace sea creíble para sus hijos; así ellos aceptarán más fácilmente su disciplina.

Las soluciones de este libro están concebidas para mostrar a su hijo la clase de respeto que usted les otorga a los demás miembros de la familia. Su hijo aprende a ser respetuoso cuando es tratado con respeto. Trate a su hijo como si fuera un huésped en su casa. Esto no significa que él no deba seguir las reglas; significa que debe enseñársele en forma amable y respetuosa cómo seguir esas reglas.

Desde 1984, este libro ha sido la referencia disciplinaria para cientos de miles de padres y encargados del cuidado infantil. Nos sentimos honrados de representar tan importante papel en el capítulo inicial de la vida en familia. Ese viaje es su viaje, nuestro viaje, mientras educamos a los niños en edad preescolar.

El comportamiento agresivo

Como un elefante en un almacén de porcelanas, muchos preescolares enérgicos arrojan juguetes o sus propios cuerpos contra el objetivo más próximo cuando se sienten frustrados, furiosos o están insoportables.

¿Por qué? Porque esas pequeñas fuentes de energía no están en condiciones de razonar o hacer concesiones, y lanzar libros o juguetes no les parece muy distinto a lanzar pelotas. Controle la conducta agresiva de su hijo explicándole, en primer lugar, que pegar, morder, lanzar objetos y molestar son comportamientos inaceptables. Luego muéstrele y explíquele (incluso a su niño de un año) la clase de conducta que usted espera de él: besos, abrazos, hablar, etcétera. Explíquele también por qué estas acciones son aceptables. Asegúrese de reforzar estricta y consistentemente las reglas, para poder guiar a su hijo en el camino hacia el comportamiento adecuado.

Nota: si el comportamiento agresivo de su hijo es un rasgo constante en sus juegos diarios, y resulta perturbador para los amigos, la familia y para usted, busque ayuda profesional para establecer qué puede estar ocasionando esa conducta.

Prevenga el problema
Supervise cuidadosamente los juegos de su hijo

Para evitar que su hijo aprenda la conducta agresiva de sus pares, vigile cómo interactúan él y sus amigos y cómo cuidan sus juguetes. No permita que la conducta agresiva cause heridas o daño. También debe tratar la mala conducta de los amigos de su hijo como trataría la de él.

No asuma conductas agresivas

Trate sus cosas en la forma en que quiere que su hijo trate las suyas. Por ejemplo, golpear o arrojar cosas cuando está furioso le muestra a su hijo cómo ser agresivo cuando se siente enojado.

Explique por qué morder y golpear son conductas inaceptables

Para ayudar a su hijo a entender lo desagradable que es la conducta agresiva para las dos partes, explíquele cómo se siente la víctima cuando la muerden o la golpean.

Resuelva el problema

☞ *Qué hacer*

Dígale a su hijo qué hacer en vez de golpear

Cuando comience la conducta agresiva, dígale a su hijo qué cosas puede hacer en vez de golpear cuando se siente molesto. Por ejemplo, explíquele que puede pedir ayuda o decir: "No quiero jugar más", o bien simplemente puede abandonar al grupo de jugadores. Pídale que practique estas frases cinco veces hasta que se familiarice con las palabras y cómo decirlas.

Elogie el llevarse bien

Explique qué quiere expresar con *llevarse bien* al decirle a su hijo que usted aprecia su conducta cuando él comparte, espera el turno, pide ayuda, etcétera.

Por ejemplo, dígale: "Qué bien que compartas con tus amigos, mi amor". Sea siempre específico respecto a lo que está elogiando. Entre más elogie el comportamiento de su hijo, más repetirá esa conducta.

Acuda a las reprimendas

Reprender a su hijo le ayuda a entender lo que desaprueba de su conducta. Eso también muestra que usted respeta la capacidad de su hijo para entender sus razones. Las tres partes de una reprimenda efectiva por golpear, por ejemplo, incluyen decirle al niño que se detenga ("¡Deja de golpear!"), explicarle por qué lo desaprueba ("¡Golpear lastima a las personas!"), y sugerir una alternativa aceptable ("¡Cuando estés furioso, abandona al grupo!"). Si su hijo continúa siendo agresivo, repita la reprimenda e incluya el tiempo fuera para reforzar su mensaje.

Olvide el incidente cuando termine

Recordarle a su hijo las agresiones previas no le enseña una conducta aceptable. Al contrario, le recuerda cómo puede ser agresivo nuevamente.

☞ *Lo que no debe hacer*

Utilizar la agresión para detener la agresión

Golpear a su hijo sólo lo autoriza para que él golpee a otros en circunstancias parecidas.

Explotar cuando su hijo lo hace

Enfurecerse cuando su hijo golpea, por ejemplo, sólo le prueba al niño que puede acudir a la agresión para tener poder sobre usted.

<u>Migue, el mordedor</u>

A los veintidós meses de edad, Miguel Moreno pasó a ser conocido como el mordedor del vecindario, pues tenía mucha práctica con sus dos hermanos mayores, quienes se burlaban de él sin misericordia. La señora Moreno amenazaba a su hijo menor para detener su agresividad: "Miguel, si no dejas de morder a los demás, te voy a dar palmadas", pero ella sabía que nunca iba a poner en práctica su amenaza.

Las burlas de los hermanos de Miguel, de tres y cinco años, no parecían molestar a la madre. De hecho, la familia bromeaba con frecuencia sobre muchas cosas y ella consideraba las burlas de los hermanos mayores de Miguel como algo no muy serio. Su esposo no estaba de acuerdo: "Piensa cómo hacen sentir todas esas burlas a Miguel", dijo un día.

Aunque no quería admitirlo, la señora Moreno nunca pensó en el problema desde el punto de vista de Miguel: él se vengaba de sus hermanos mordiéndolos, ya que no podía estar a la altura de sus ataques verbales. Ella decidió enseñarles a los tres niños que morder, golpear, burlarse y arrojar cosas no sería tolerado. Supo que esta era la única forma de enseñarles a los dos mayores a mostrar un buen comportamiento y de enseñarle a Miguel a hacer mejores elecciones para obtener atención.

El día siguiente, Miguel comenzó a morder a sus hermanos cuando lo llamaron "Oscar el Gruñón". La señora Moreno reprendió primero a Miguel: "Deja de morder, Migue. Morder lastima a los demás. Mordemos las manzanas, no a las personas". También reprendió a los hermanos de Miguel: "¡Dejen de molestar! Uno no se burla de las personas. Eso hiere sus sentimientos".

Pero las reprimendas no detuvieron los ataques verbales y físicos de los niños. Entonces, la señora Moreno dijo: "Lo siento, ustedes siguen molestándose y mordiéndose. ¡Tiempo fuera!" Así que les ordenó a los tres niños permanecer en sillas separadas, y les dijo que pensaran sobre lo que pasó y las formas para evitar que volviera a ocurrir.

En cuanto a la señora Moreno, ella se hizo más constante con la disciplina, y a medida que comenzó a elogiar el buen trato de sus hijos en la casa, los niños Moreno entendieron la diferencia entre pelear o ser amistosos. Miguel comenzó a morder menos, puesto que ya no tenía que tolerar las burlas de sus hermanos, y los hermanos mayores aprendieron que molestar a los demás es doloroso.

La conducta tímida

Imagine que se encuentra con su vecina en el supermercado, donde está feliz de compras con su hijo de tres años. De repente, él se agarra a su pierna y no contesta el simple saludo de su vecina: "¿Cómo estás, Samuel?" Usted se sorprende ante esta extraña conducta y le pregunta a su hijo: "¿Cuál es el problema? ¡Tú amas a Catalina!"

Usted no está sola. Millones de padres quedan confundidos ante a la "parálisis" de su hijo cuando se le pregunta algo. Mientras algunos niños se aproximan al mundo con una curiosidad desatada, otros le ponen freno y prefieren "mirar bien antes de saltar". Las dos tendencias son consideradas normales, y cada una refleja una forma de ser innata.

En otras palabras, la timidez no es un problema en sí mismo. Sin embargo, se convierte en un problema cuando llega a ser tan intensa que le impide al niño hacer amigos, o participar en actividades sociales fuera de casa, como ir a una fiesta de cumpleaños o a la biblioteca. Enseñar habilidades sociales o juegos de roles sobre varias situaciones sociales, puede ayudar a los preescolares a reducir su timidez y a incrementar la confianza en sí mismos.

Prevenga el problema
Desarrolle expectativas y objetivos realistas

Desde el punto de vista de su etapa de desarrollo, puede que no sea realista esperar que su hijo actúe de cierta forma ante otras personas. Por ejemplo, si su hijo de dos años no está listo para ir a una fiesta de cumpleaños, obligarlo a asistir sólo le producirá más temor respecto a futuros eventos sociales. Los preescolares superan su timidez a medida que adquieren experiencia interactuando con otros. Sin embargo, no espere cambios de la noche a la mañana.

Acepte la timidez de su hijo

Los niños nacen con distintos temperamentos: algunos son amistosos y extrovertidos, otros son cautelosos y tímidos, y algunos van y vienen entre los dos extremos. En lugar de enviar a su tímido hijo el mensaje de que algo malo ocurre con él porque no actúa de acuerdo con las expectativas paternas, acepte su timidez como parte de su temperamento único.

Elogie a su hijo

Cuando su hijo haga un comentario en una conversación, elogie esa conducta. Por ejemplo, diga: "Me gusta lo que dices sobre el cachorro, Esteban. Sí tiene una pata blanca extraña".

Sea un buen modelo a seguir

Ofrezca a su hijo muchas oportunidades para verlo a usted interactuar con la gente en situaciones sociales. Adicionalmente, realice juegos de roles en diferentes escenarios con su hijo, y enséñele qué decir en algunas situaciones. Por ejemplo, diga: "Cuando la gente me pregunta cómo estoy, generalmente contesto: 'Bien, gracias. ¿Cómo estás tú?'"

Resuelva el problema

☞ *Qué hacer*

Genere un ambiente libre de culpa y vergüenza

Cuando su hijo siente que puede cometer errores sin ser culpado o avergonzado, podrá suprimir más fácilmente sus conductas tímidas. Si su hijo derrama la leche, diga: "No importa. Podemos limpiarla juntos".

Practique la respuesta a preguntas

Si su hijo entra en estado de timidez, probablemente le está diciendo que necesita aprender a contestar preguntas. Practique con él mientras va en el auto o juegan en la bañera. Diga por ejemplo: "Cuando alguien dice: '¿Cómo te llamas?' puedes responder 'Esteban'. Así esa persona sabrá quién eres. Ahora, practiquemos. Cuando yo digo: '¿Cómo te llamas?' ¿Qué respondes tú?" Practique con su hijo muchas veces al día, hasta que "Esteban" se convierta en una respuesta automática.

Practique con su familia y amigos

Ofrezca a su hijo oportunidades para participar en conversaciones. Por ejemplo, diga: "¿Qué te parece si pedimos pizza para la cena esta noche?" O bien: "Cuéntale a Juan sobre tu viaje al zoológico hoy".

Busque ayuda profesional si es necesario

Si la timidez interfiere en la felicidad de su hijo, si le impide participar en actividades adecuadas y si parece hacerle la vida miserable, usted debe buscar la ayuda de un profesional.

☞ *Lo que no debe hacer*

Humillar ni castigar

Aunque pueda sentirse avergonzado con la timidez de su hijo, castigarlo o humillarlo lo pondrá triste y le impedirá volverse más seguro socialmente. Excusar su comportamiento diciendo a los demás que "él es mi hijo, el tímido" o que "él no habla", sólo profundizará su miedo a los demás.

Suplicar

Aunque pueda sentirse fuertemente tentado a suplicar a su hijo que "le conteste a la amable señora", hacerlo le dará a la reticencia de su hijo un considerable poder y lo alentará a rehusarse más en el futuro.

Etiquetar

Dar excusas a la familia y a los amigos diciendo que su hijo es "tímido" crea una profecía que se cumplirá y con la cual él tendrá que vivir. Eso también lo desalienta para tratar de comportarse distinto en el futuro.

Conocer bien a Eduardo

Eduardo Bartone había sido un tímido bebé que volteaba el rostro frente a los extraños y enterraba su cabeza en el hombro de su madre cuando había desconocidos alrededor. Su padre, Miguel, también era tímido cuando niño. La abuela de Eduardo, Leona, dice que nadie fuera de la familia escuchó hablar a Miguel hasta que fue adolescente.

La mamá de Eduardo, María, tenía la esperanza de que Eduardo pudiera superar su timidez cuando creciera. Pero a los cinco años de edad, Eduardo "el tímido", como ella lo llamaba, no mostraba signos de convertirse en alguien más abierto. Miguel entendía a su hijo, y recuerda el pánico que él sentía cuando era confrontado a hablar con extraños.

Así que Miguel elaboró un plan para ayudar a su hijo. Primero lo involucró en conversaciones haciéndole muchas preguntas que Eduardo tenía que contestar con más que un sí o un no. Miguel le preguntaba a su hijo "¿Qué almorzaste hoy?" o "¿A qué jugaste hoy en el jardín?" Cuando Eduardo contestaba con más de una o dos palabras, Miguel decía: "Eduardo, me encanta que me cuentes eso" o "Es una historia muy interesante sobre volar aviones en el patio del colegio".

Miguel también hizo que Eduardo practicara saludar a las personas. Los dos podían pretender que se encontraban en la calle, y Eduardo decía: "Hola, ¿cómo estás?", Miguel contestaba: "Bien, gracias. ¿Y tú?" Y luego se reían. Finalmente, Eduardo comenzó a relajarse cada vez más en medio de la gente que no conocía bien, y la familia y los amigos comentaban sobre lo educado que se estaba volviendo.

La mamá y el papá de Eduardo estaban felices. Creían que iba a seguir el mismo camino tímido de Miguel, pero fueron gratamente sorprendidos al verlo salir de su caparazón. Se prometieron mutuamente que nunca más le pondrían etiquetas a su hijo.

Echado en el sofá

En el mundo actual, de alta tecnología y que dispone de juguetes que consumen poca energía, los dedos de su hijo pueden cansarse fácilmente de tanto jugar, y no las piernas por caminar. Los niños pequeños necesitan realizar actividad física para desarrollar sus músculos y su mente. Resista el impulso de ganar tiempo libre al poner permanentemente a su preescolar frente a un aparato electrónico. El computador, los videojuegos y la televisión educativa aprobados por los padres pueden ser instrumentos de enseñanza constructivos. Sin embargo, si se usan en exceso, pueden convertirse en los cimientos para un estilo de vida sedentario y poco saludable.

Prevenga el problema
Apague la televisión

La Academia Americana de Pediatría recomienda a los padres restringir a menos de dos horas el tiempo diario de televisión para los niños. Limitar la televisión y otras actividades de "sofá" estimula la creatividad y reduce la agresividad de los niños.

¡A moverse!

Las actividades físicas estimulan la mente y los corazones tanto de los padres como de sus hijos. Jugar a saltar, a los caballitos y realizar otras actividades físicas divertidas tonifica los músculos de los pequeños y también los agota para que puedan dormir más profundamente.

Cultive la creatividad

En lugar de dejar que sus preescolares se conviertan en esponjas pasivas de los medios, dirija la atención de los pequeños hacia la construcción de castillos, la invención de juegos, el dibujo, el diseño de *collages* y otras actividades creativas para mantener activo el crecimiento de su mente y su cuerpo.

Resuelva el problema

☞ *Qué hacer*

Establezca un tiempo límite para el uso de los medios electrónicos

Para evitar el excesivo consentimiento habitual hacia el uso de los medios, programe un medidor de tiempo para decirle a su hijo cuándo es el momento de apagar el aparato, y elogie su conducta cuando él se oriente hacia actividades físicas. Diga: "Me alegra que hayas apagado el televisor y elegido jugar al colegio. ¿Qué estás enseñando esta mañana?"

Muestre a sus hijos cómo ser activos

Los niños son imitadores profesionales; entonces, muéstreles cómo permanecer activos mediante su propio ejemplo de actividad. Si ellos observan que usted cocina, limpia, lava, escribe, visita a sus amigos, paga cuentas, trabaja en el jardín y juega con ellos, entonces, se sentirán estimulados a usar su tiempo interactuando con su mundo en vez de mirar televisión.

Elogie la actividad

Cuando sus hijos emprendan un juego activo, puede recalcar su conducta saludable diciendo: "Nadar es divertido, y ayuda al cuerpo y a la mente a crecer saludables y fuertes".

Utilizar la televisión para tener tiempo libre de niños

Pedirle a su hijo que "vaya a ver televisión y permanezca fuera de la cocina mientras yo estoy preparando la cena" sólo lo estimula a quedarse en el sofá. En vez de prohibirle a su hijo que esté en la cocina, puede invitarlo a conocer el mundo del cocido, el asado y el horneado, pidiéndole que le ayude en tareas propias de su edad, como lavar las papas o rasgar la lechuga.

Recompensar con comida

Ayude a su hijo a entender que la comida sirve para la nutrición, y no como recompensa por buena conducta o como algo para calmar corazones rotos. Haga los elogios sin dar comida; así, cuando alimente a su hijo, eso no se confundirá con dar aprobación o amor.

Permitir que sus hijos coman frente al televisor

Relacionar el consumo de refrigerios con mirar televisión puede estimular el sobrepeso en los niños inactivos, y en una forma muy malsana. Además, cuando su niño come mientras ve televisión es incapaz de concentrarse adecuadamente en ninguna de las dos actividades, y así se pierde el valor que puede haber en cada una de ellas.

Un problema de peso

El pasatiempo favorito de Margarita Hernández era ver televisión, y el siguiente era entretenerse con juegos de video en el computador de la casa. Para su madre, Marta, el hecho de pasar cuatro horas en tales actividades era al mismo tiempo bueno y malo. ¿Cuál era la parte buena? Marta podía preparar la cena después de su trabajo sin interrupciones, porque Margarita corría hacia sus amados juegos electrónicos, una vez que regresaba a casa después de permanecer en el jardín infantil. ¿El lado malo? Las dosis masivas de medios electrónicos que recibía Margarita se estaban convirtiendo en un peligro para su salud.

A la niña de cuatro años no sólo le encantaba la televisión, sino que también le encantaba comer mientras la miraba. Le suplicaba a Marta que le comprara toda la comida chatarra que aparecía en los anuncios de televisión, y Marta se veía obligada porque odiaba que su hija se enfureciera. No obstante, Marta comenzó a sentirse culpable cuando el pediatra observó cuánto peso había ganado Margarita desde su última consulta.

Desafortunadamente, Margarita no era la única que amaba la televisión y la comida chatarra. Antonio, el padre de Margarita, estaba siempre acostado en el sofá. Llegaba del trabajo y se tiraba en el sofá, y miraba partido tras partido de béisbol. Pero Antonio entendió el problema que enfrentaba su hija cuando sintió lo difícil que resultaba abrocharse la correa en su creciente cintura.

Una noche, durante la cena, Marta dijo: "Margarita, cariño, tu papá y yo pensamos que vemos mucha televisión, así que hemos establecido tres reglas nuevas. Primera, sólo vamos a permitir una hora diaria de televisión, y decidiremos como familia lo que veremos. Segunda, el computador sólo se usará durante una hora al día. Tercera, sólo comeremos en la cocina o en el comedor, y no habrá televisión en esos momentos".

"¡Pero a mí me gusta la televisión!" gimió Margarita. "¿Qué haré si no puedo ver televisión o jugar en el computador?"

"Tengo una idea", dijo Antonio. "Inventemos nuestros propios programas de televisión. Usemos disfraces, imaginemos historias y seamos actores".

"¡Oh, sí!" dijo Margarita con entusiasmo. Entonces esa noche rebuscaron entre las cosas viejas de la casa la ropa usada (para hacer disfraces) y adaptaron un escenario en el sótano. Trabajaron tan duro que Margarita estaba exhausta cuando se acostó esa noche. Después de eso, cada semana ella invitaba a sus amigos preescolares a jugar a los "Programas de televisión" en el sótano.

Marta no sólo pudo ver que su hija adelgazaba; también observó lo creativa que se volvía Margarita en muchas formas. Además, comenzó a interesarse más en leer antes de dormirse, en lugar de insistir en que vieran televisión antes de ir a la cama. El juego creativo de la familia también fue la dieta perfecta para Antonio. Su cintura comenzó a reducirse cuando organizó una clase de ejercicios para su programa casero de televisión.

Aunque Marta cambió su tiempo libre por un tiempo con la familia, comprendió que la transformación fue buena para todos. Supo que las recompensas por hablar, reír, amar y crecer juntos valían la pena.

Aferrarse a los padres

La imagen del preescolar agarrado a la falda de su madre, suplicando desesperado cuando su mamá trata de cocinar o salir de la casa, no es una ficción para muchos padres. Es una dimensión de la vida cotidiana verdadera y emocionalmente agotadora. Aunque pueda resultar difícil, resista la tentación de prestar constante atención a su pegajosa criatura a lo largo del día. Si usted quiere (o necesita) dejar a su hijo con una niñera, debe tranquilizarlo con amor y firmeza, diciéndole que está orgullosa de él por permanecer con la niñera y que usted regresará. Dígale en tono sincero que está feliz porque él tendrá la oportunidad de jugar con la niñera. Su actitud positiva será contagiosa (al igual que una actitud negativa). También puede servir como modelo adecuado que usted se sienta contenta respecto al hecho de salir y pasar un buen rato con otras personas. Bese y abrace bastante a su niño durante los ratos neutros, para prevenir que se sienta relegado y se aferre a usted para obtener atención. Aferrarse, en lugar de abrazar, es una demanda urgente de atención inmediata.

Prevenga el problema
Practique dejar a su hijo con la niñera

Para familiarizar a su hijo con la idea de que usted no siempre podrá estar cerca, practique a dejarlo ocasionalmente durante breves periodos (unas pocas horas) desde temprano en su vida. Estas pausas son saludables tanto para los padres como para los hijos.

Dígale a su hijo lo que harán los dos durante su ausencia

Contarle a su hijo lo que usted hará cuando esté fuera, le da un buen ejemplo a seguir para cuando regrese y le pregunte a él sobre sus actividades. Describa lo que él hará, y en dónde estará usted cuando se ausente; así, él no se preocupará sobre su propio destino o el suyo. Por ejemplo, diga: "Laura te preparará la cena, te leerá un cuento y te acostará. Tu papá y yo saldremos a cenar y regresaremos a las once de la noche". O diga: "Ahora tengo que preparar la cena. Cuando termine y tú acabes de jugar, entonces podremos leer un cuento juntos".

Juegue a las escondidas

Este simple juego puede familiarizar a su hijo con la idea de que las cosas (y usted) desaparecen y, lo que es más importante, regresan. Los pequeñitos y los preescolares juegan a las escondidas en muchas formas: al esconderse tras las manos o algún objeto, al ver a otros esconderse y (entre los niños de dos a cinco años) al emprender un juego más activo físicamente.

Asegúrele a su hijo que usted regresará

No olvide decirle que usted regresará, y demuéstrele que usted cumple su palabra al volver cuando dijo que regresaría.

Desarrolle actividades especiales con la niñera

Las "actividades especiales" le ayudan a su hijo a querer estar con la niñera en vez de molestarse cuando usted no está. Tenga aparte videos especiales, pinturas de manos, juegos, libros de cuentos y otras cosas que sólo salen cuando llega la niñera.

Prepare al niño para la separación

Dígale a su hijo que va a salir y sugiera que él no se va a molestar por la separación. Por ejemplo, diga: "Estás volviéndote tan grande que sé que estarás bien mientras estoy fuera". Si usted lo sorprende y se va sin decirle nada, él siempre estará inquieto sobre cuándo va usted a desaparecer súbitamente de nuevo.

Revuelva el problema

☞ *Qué hacer*

Prepárese para el ruido cuando se vaya y a su hijo no le guste

Recuerde que el ruido eventualmente disminuye cuando su hijo aprende esta valiosa lección: él puede sobrevivir sin usted por un tiempo breve. Dígase a sí misma: "Él grita porque me ama, pero debe aprender que a pesar de que yo no pueda jugar siempre con él y que me vaya de vez en cuando, yo siempre volveré".

Elogie a su hijo por manejar bien las separaciones

Haga que su niño se sienta orgulloso de su capacidad para jugar solo. Por ejemplo, diga: "Estoy muy orgullosa de ti porque te entretienes solo mientras yo limpio el horno". Esto reforzará su confianza en sí mismo y su independencia, y los beneficiará a ambos.

Use la silla de llorar (pág. 213)

Deje saber a su hijo que está bien que no le guste que usted esté ocupada o se vaya, incluso por cortos periodos. Sin embargo, también déjele saber claramente que sus gemidos perturban a los demás. Por ejemplo, diga: "Siento mucho que no te guste que tenga que cocinar ahora. Vete a la silla de llorar hasta que puedas jugar sin llorar". Deje lloriquear al niño en la silla de llorar, lejos de usted.

Reconozca que su hijo necesita tiempo lejos de usted

Los descansos de la constante compañía son necesarios para los niños y los padres. Conserve su rutina diaria, incluso si su hijo protesta porque usted está haciendo algo en lugar de jugar con él, o arma un alboroto cuando ocasionalmente lo deja con una niñera.

Inicie las separaciones poco a poco

Si su hijo demanda mucho de su tiempo desde el primer año en adelante, juegue a ganarle-al-reloj. Concédale cinco minutos de su tiempo y luego déjelo jugar solo durante cinco minutos. Aumente los tiempos de jugar solo por cada cinco minutos que pasa con usted, hasta que él sea capaz de jugar solo durante una hora.

☞ *Lo que no debe hacer*

Irritarse cuando su hijo se aferra

Dígase a usted mismo que su hijo prefiere su compañía a cualquier otra cosa en el mundo.

Castigar a su hijo por aferrarse

En vez de eso, siga los pasos expuestos antes para enseñarle cómo separarse.

Enviar mensajes confusos

No le diga a su hijo que se vaya cuando lo está abrazando, lo está felicitando o acariciando. Esto puede confundirlo respecto a si debe quedarse o irse.

Convertir la enfermedad en un medio para obtener atención especial

No haga de la enfermedad algo más divertido que estar sano, al permitir que cuando su hijo esté enfermo, realice actividades que normalmente son inaceptables. La enfermedad debe ser manejada de modo pragmático, con algunos pocos cambios en la rutina.

"¡No me dejen!"

Natalia y Ricardo Villar aman tanto las fiestas que cuando Timoteo, su hijo de cuatro años, se aferraba con horror a las chaquetas de ambos cuando llegaba la niñera, los dos padres desdeñaban los sentimientos del niño: "Oh, Timoteo, cariño, ¡no seas un bebé! Te amamos. Es una tontería que te sientas mal. Ya sabes que salimos todos los sábados".

Pero Timoteo no se consolaba. Gritaba con toda la fuerza de sus pulmones: "¡No se vayan! ¡No me dejen! ¡Llévenme!" Sus gritos persistían, y los Villar no podían entender qué mal pudieron hacer para que su hijo los "castigara" cada vez que querían salir. Se preguntaron: "¿Tanto nos odia, como para avergonzarnos frente a la niñera y manchar nuestros trajes de fiesta con sus dedos pegajosos?"

Finalmente, los Villar les contaron a sus amigos, los Salazar, sobre su frustración. Ellos los tranquilizaron y les explicaron que Timoteo se aferraba a ellos porque los ama no porque los odia. También les contaron cómo le ayudaron a su hija a adaptarse a su ausencia.

Los Villar ensayaron la estrategia de los Salazar el sábado siguiente. Antes de irse, prepararon a Timoteo para su partida diciéndole: "Ahora eres todo un muchacho grande. Podrás divertirte jugando con Laura mientras nosotros vamos a ver una película. Volveremos cuando ya estés dormido, pero estaremos aquí en la mañana, cuando te despiertes. Laura te preparará palomitas de maíz, te leerá un cuento y luego te irás a la cama. ¡Que te diviertas!" No alargaron innecesariamente su salida con llorosos abrazos, y dejaron a Timoteo cuando sólo estaba gimoteando.

Después de este evidente éxito, comenzaron a elogiar a Timoteo respecto a lo tranquilo que se mostró durante su explicación sobre dónde estarían, lo que planearon y cuánto tiempo estarían fuera. Cuando recibieron buenos comentarios de la niñera, le hicieron

saber a Timoteo lo orgullosos que se sentían de él por jugar agrada-
blemente mientras estuvieron fuera. "Gracias por portarte bien y
ayudar a Laura a preparar las galletas de chocolate anoche", le dijeron, dándole un abrazo.

Los Villar también fueron pacientes. Sabían que tenían que
esperar muchas semanas antes de poder salir tranquilamente y no
con pasos fuertes y aullidos. Pero mientras tanto, suspendieron los
ataques verbales contra Timoteo al juzgar su conducta como "infantil", y se libraron de sus gritos al no tenerlos en cuenta.

Demorarse

Puesto que el tiempo no tiene sentido para un niño menor de seis años, apresurarlo no representa grandes beneficios. Camufle las exigencias de frases como "¡Vamos ya!" o "¡Apresúrate!" mediante carreras con el niño, o brindándole la posibilidad de correr hacia sus brazos. Convierta las instrucciones en diversión, no en órdenes frustrantes. Permita que su hijo sienta que tiene el control sobre lo rápido o despacio que hace las cosas; así no necesitará demorarse para ejercer influencia sobre el ritmo de los acontecimientos.

Prevenga el problema

Trate de ser una persona puntual

Ser puntual le ayuda a su hijo a comprender la importancia de enfrentar objetivos a tiempo, y a sentir empatía hacia los demás. Decir: "Debemos apresurarnos para estar listos; así podremos estar en el jardín infantil a tiempo y no dejaremos a tu profesora esperando", motiva a su hijo para moverse más rápido y para hacer la conexión entre estar a tiempo y el impacto que representa la tardanza sobre los demás.

Trate de tener tiempo extra

Si está de prisa, esperar a su tortuga preescolar puede hacerle perder la calma y llegar mucho más tarde. Intente todo lo necesario para tener suficiente tiempo antes de las salidas, y tenga en cuenta que demorarse es una respuesta típica de los pequeños investigadores del universo que no entienden lo que significa apurarse.

Establezca y conserve un horario

Puesto que un niño necesita rutinas y consistencia en su vida cotidiana y tiende a demorarse más cuando sus rutinas se rompen, establezca límites de tiempo y un patrón regular para comer, jugar, bañarse y dormir; esto lo familiariza con el marco temporal en el cual usted quiere que él actúe.

Resuelva el problema

☞ *Qué hacer*

Facilítele a su hijo que se mueva a su ritmo

Haga preguntas que motiven y practique juegos simples para disimular las prisas. Por ejemplo, anime a su hijo para que este listo pidiéndole que adivine qué tiene la abuela esta vez en su casa. O pídale a su hijo que corra hasta sus brazos si usted quiere que se apresure para llegar hasta el auto.

Juegue a ganarle-al-reloj

Los niños siempre se mueven más rápido cuando compiten contra el reloj (una autoridad neutral), que cuando tratan de hacer lo que uno les pide. Diga: "Veamos si puedes vestirte antes de que suene el reloj".

Ofrezca incentivos por velocidad

Por ejemplo, diga: "Cuando le ganes al reloj, entonces puedes jugar diez minutos antes de salir para el colegio". Esto le deja ver a su hijo por sí mismo que cumplir con los horarios trae buenas cosas.

Premie el movimiento tanto como los resultados

Motive a su hijo a completar una tarea, alentándolo a lo largo del camino. Por ejemplo, diga: "Me gusta la forma rápida como te estás vistiendo", en lugar de esperar hasta que él termine de vestirse y sólo decirle: "Gracias por vestirte".

Use orientación manual

A veces, debe guiar físicamente a su hijo ayudándolo a completar la tarea (entrar en el auto, vestirse, etcétera), para enseñarle que el mundo sigue su curso sin tener en cuenta sus deseos en ese momento.

Use la regla de la abuela

Si su hijo se demora porque quiere hacer algo mientras usted le pide que haga otra cosa, use la regla de la abuela. Por ejemplo, diga: "Cuando termines de vestirte, entonces podrás jugar con tu tren".

☞ *Lo que no debe hacer*
Perder el control

Si usted está de prisa y su hijo no, evite que ambos se retrasen más al conceder atención a su pérdida de tiempo (por ejemplo, con regaños o gritos para que se mueva). Ponerse furioso sólo alentará a su hijo a continuar en su ritmo lento.

Fastidiar

Fastidiar o regañar a su hijo porque se demora simplemente es concederle atención por *no* moverse. Mejor invente un juego para apresurarlo.

¡Demorarse!

Tener listo a su hijo para ir a alguna parte, sólo para hacerlo esperar por usted, le dice que en verdad usted no quiere decir lo que dice. Tampoco anuncie que usted ya está listo para ir a la casa de la abuela, cuando en realidad no lo está.

Ángela, la lenta

La pequeña Ángela, de tres años, tenía la maña de fijarse en las hojas de hierba o jugar con los cordones de sus zapatos en lugar de hacer lo necesario en ese momento. La abuela Hoyos, quien la cuidaba durante el día, se sentía mal por tener que enojarse y casi arrastrar a su nieta hasta la puerta del jardín infantil. "¡Apresúrate! ¡Deja de perder tiempo!", tenía que ordenarle, pero Ángela continuaba ajena a cualquier solicitud de hacer las cosas más rápido de lo que quería.

Al sentirse impotente, furiosa y alterada respecto a la conducta de su nieta favorita, la abuela Hoyos terminó por decirle a su hija que no podría seguir cuidando a Ángela. La señora Rodríguez le recomendó a su madre elogiar los intentos de Ángela por no demorarse, y le pidió no hacerle caso cuando se demorara. También le sugirió ofrecer recompensas a Ángela cuando se apresurara, algo que no molestaba a la abuela en lo absoluto porque disfrutaba mucho dándole regalos a su nieta.

"Me alegra que hoy hayas llegado primero que yo a la puerta", le dijo la abuela Hoyos a Ángela cuando la niña caminó hacia el jardín infantil más rápido que de costumbre. Cuando Ángela, una vez estuvieron cerca del jardín, disminuyó la velocidad a su ritmo normal, la abuela Hoyos decidió animarla en vez de quejarse por su lentitud: "Si corres rápido y llegas al jardín antes de que yo termine de contar hasta cinco, te regalaré el peine que viste en mi bolso". Ángela se apresuró y llegó muy rápido al jardín.

La abuela Hoyos continuó con esa estrategia y pudo ver por sí misma el impacto de los regalos para lograr que su nieta hiciera lo que le pedía. Ángela todavía debe ser persuadida de vestirse en el plazo fijado por su abuela, pero la abuela disfruta de nuevo a su nieta y siente que tiene mayor control sobre el marco temporal en el que deben funcionar las dos.

Exigir libertad

Inmersos en el deseo de imponer su propia manera de hacer las cosas en el mundo, resulta necesario velar por la seguridad de los preescolares, ya que no son tan autosuficientes, independientes y controlados como creen. A medida que su hijo de un año crece, también se estiran las riendas con que usted lo tiene. Deje que vaya tan lejos como pueda, siempre y cuando usted esté seguro de que no corre peligro. Sepa cuáles son los límites de su hijo al probar su madurez y responsabilidad antes de cometer el error de concederle mayor libertad de la que es capaz de manejar. Permítale libertades acordes con sus capacidades, y ofrézcale frecuentes oportunidades para reforzar su certeza de estar suficientemente maduro para manejarlas.

Prevenga el problema

Establezca límites y explíquelos claramente

Su hijo necesita conocer sus límites antes de poder hacer lo que usted espera que haga. Incluso a un niño de un año debe decírsele qué es "legal", para prevenir tantas acciones "ilegales" como sea posible.

Comunique a su hijo cuándo puede cruzar las fronteras

Reduzca la atracción que representan algunos "eso-no-se-hace" al mostrar y explicar a su joven aventurero cómo hacer lo que quiere sin meterse en problemas. Por ejemplo, diga: "Puedes cruzar la calle, pero tienes que darme la mano y no soltarla".

Permita a su hijo la libertad que él pueda manejar con seguridad

Si su hijo muestra que puede ser responsable dentro de ciertos límites, extiéndalos un poco. Explíquele por qué fueron cambiados, para que él pueda sentirse bien respecto a su capacidad para seguir indicaciones y ser suficientemente responsable para merecer más libertad. Diga: "Puesto que siempre me cuentas que vas a visitar a tu vecino, ahora también puedes ir hasta la esquina, pero recuerda que siempre debes preguntarme antes de hacerlo".

Resuelva el problema

☞ *Qué hacer*

Ofrezca recompensas por permanecer dentro de los límites

Impulse a su hijo a permanecer dentro de los límites, premiándolo cuando lo haga. Diga: "Me alegra mucho que hayas permanecido en el columpio en lugar de irte para el patio de los vecinos. Ahora, puedes usar el columpio durante otros tres minutos".

Determine las consecuencias por no respetar los límites

Enseñe a su hijo que no hacer caso a los límites acarrea el fin de la diversión. Diga: "Siento que hayas salido de nuestro patio. Ahora tienes que quedarte dentro de la casa". O bien: "Lamento que hayas cruzado la calle sin permiso. Ahora tienes que quedarte en el patio".

Sea consistente

Asegúrese de reforzar las consecuencias cada vez que su hijo rompe la regla. Esto le enseña que usted habla en serio. También le ayuda a sentirse más seguro respecto a sus actos cuando está lejos de usted, porque sabrá exactamente lo que usted esperaría que hiciera.

☞ *Lo que no debe hacer*

Dar palmadas a su hijo por irse a la calle

Dar palmadas alienta a su hijo a hacer a escondidas aquello por lo cual usted lo castiga. Desde luego, los niños que salen a la calle a hurtadillas corren un gran peligro; por eso, no complique más el problema, influyendo para que lo hagan a escondidas.

Eva por su cuenta

Eva Osorio, de cinco años, era la niña más popular de todo el barrio, situación que hacía de su conducta el problema más grande para la familia Osorio. Una mañana, durante el desayuno, Eva le dijo a su mamá: "Hoy me iré caminando al colegio con Susi; después de almuerzo, iré a la casa de Daniela, y después iré a jugar a las muñecas con María". Cuando la madre le dijo a Eva que no podía ir adonde quisiera y cuando quisiera, ella replicó: "¿Por qué? ¿Por qué no? ¡Yo voy adonde quiera! ¡No puedes impedírmelo!"

Este tipo de declaraciones de rebeldía generaban furiosos episodios de insultos entre Eva y sus padres, quienes no podían decidir cuánta libertad otorgar y qué límites fijar para proteger a su "bebé" de los peligros que evidentemente todavía no era capaz de enfrentar. Como la niña buscaba constantemente invitaciones, los Osorio no sabían cómo resolver el problema de adónde y cuándo permitirle ir.

Decidieron establecer reglas que podían cambiar dependiendo de cómo manejara Eva su libertad y responsabilidad. Los Osorio le explicaron claramente estas reglas a Eva, quien estaba más que feliz por aprender cómo obtener más libertad.

Una de las cosas que Eva necesitaba aprender era cómo cruzar la calle. Así que la señora Osorio la llevó a la acera y comenzó a enseñarle las conductas para cruzar la calle: cómo detenerse en la acera, mirar hacia la izquierda, mirar hacia la derecha, mirar al frente, y no sólo mirar sino ver. La señora Osorio le pidió a Eva que describiera lo que había visto a la izquierda y a la derecha.

Cuando la señora Osorio estuvo segura de que la calle estaba libre, le dio instrucciones a su hija para cruzar la calle sólo cuando le diera la mano. Cruzaron la calle juntas, mirando hacia la izquierda y la derecha y describiendo lo que se veía. La señora Osorio elogió a su hija por seguir perfectamente las instrucciones. Después de diez ejercicios de práctica, la señora Osorio dijo: "Eva, muéstrame cómo cruzar la calle por tu cuenta".

Cuando Eva demostró que podía seguir las instrucciones por su cuenta, la señora Osorio anunció la nueva regla: "Puedes cruzar la calle para ir a la casa de tus amigos, pero antes tienes que venir a avisarme. Yo vendré para observarte".

La señora Osorio pensó que la solución negociada había requerido mucho trabajo, pero se dio cuenta de que la única forma de sentirse tranquila era saber que su hija podía manejar las responsabilidades que implicaba su libertad. Establecer y poner en práctica las condiciones de la libertad que le permite a cada uno sentirse seguro, protegido y satisfecho con los límites y las expectativas.

Cuando piden hacer las cosas solos

"*Yo solo*" es una de las frases que los padres de los preescolares pueden escuchar desde que estos cumplen dos años. Esta declaración de independencia es una oportunidad de oro para que los padres dejen que su joven "yo-puedo-todo" perfeccione sus habilidades, siempre y cuando no se rompan las reglas de la casa. Los padres deben recordarse a sí mismos su última finalidad: generar en sus hijos confianza y autosuficiencia. Entonces, ármese de toda la paciencia que pueda para soportar los errores de su hijo, y equilibre la necesidad de hacer las labores domésticas con la importancia de enseñar a su preescolar las habilidades esenciales para la vida.

Prevenga el problema
No suponga que su hijo no puede hacer algo
Siga la pista de los cambios en los niveles de habilidad de su hijo. Asegúrese de haberle dado la oportunidad de tratar de hacer algo antes de hacerlo por él, así no subestimará su habilidad actual.

Compre ropa que su hijo pueda manejar
Por ejemplo, en la etapa de aprender a usar el baño, compre ropa que su hijo pueda ponerse y quitarse fácilmente. Cómprele camisetas que se puedan deslizar fácilmente y no se atasquen en sus hombros cuando se vista.

Almacene la ropa en lugares accesibles

Ayude a su hijo a adquirir buen ojo para la coordinación en la elección de sus prendas. Permita que su ropa sea accesible al colocarla en cestos o cajones que el niño pueda alcanzar.

Prevenga la frustración

Trate de imponer tareas tan fáciles como sea posible para que su hijo las pueda llevar a cabo. Desabroche el cierre de su pantalón o empiece a subir la cremallera de su saco, para que él pueda terminar esas tareas.

Resuelva el problema

☞ *Qué hacer*

Juegue a ganarle-al-reloj

Dígale a su hijo cuánto tiempo tiene para realizar una actividad; de esa manera, él no pensará que el hecho de que usted deba terminarla sea consecuencia de su propia incapacidad. Programe el reloj con los minutos que quiere concederle para hacer una tarea, y diga: "Veamos si podemos vestirnos antes de que suene el timbre". Esto le enseña a su hijo a adquirir sentido de la puntualidad, y reduce la lucha de poder, ya que no es usted quien le dice que haga algo sino el reloj. Si está de prisa y debe terminar una tarea que su hijo comenzó, explíquele las circunstancias antes de terminar la tarea usted para evitar que su hijo piense que eso se debe a su propia incapacidad para hacerlo.

Sugiera cooperación y participación

Puesto que su hijo no entiende por qué no puede hacer algo, y no se da cuenta de que finalmente terminará haciéndolo, sugiera compartir el trabajo dejándolo hacer lo que pueda mientras usted hace el resto. Por ejemplo, cuando se trata de los zapatos de un niño de un año, diga: "¿Por qué no sostienes la media mientras yo te pongo el zapato?" Cuando sea posible, deje que su hijo realice una parte de la tarea en vez de dejar que solamente la mire y se sienta inútil.

Haga que el esfuerzo cuente

Como el primer y más importante profesor de su hijo, puede alentarlo a intentar varias tareas. Enséñele el axioma de "la práctica hace al maestro", diciendo, por ejemplo: "Me gusta la forma como tratas de trenzarte el pelo. Ese intento estuvo magnífico. Puedes tratar de hacerlo de nuevo más tarde". O elogie los intentos de su hijo por ponerse los zapatos, incluso si no lo hace correctamente.

Permanezca tan calmado y sea tan paciente como pueda

Si su hijo quiere hacerlo todo ("*Yo* me pongo los pantalones", "*Yo* abro la puerta", "*Yo* cierro el cajón"), recuerde que él está reafirmando su independencia, no su obstinación. Puesto que usted quiere que él aprenda a hacer las cosas por sí mismo, déjelo intentarlo. Evite a toda costa molestarse cuando las cosas no se hacen tan rápida o precisamente como usted quisiera. En vez de eso, disfrute el hecho de que su hijo esté dando los primeros pasos para volverse autosuficiente y siéntase orgulloso de él por tomar la iniciativa.

Conceda tanta independencia como sea posible

Deje que su hijo haga tanto por sí mismo como pueda; así, la frustración no reemplazará su curiosidad innata. Por ejemplo, respecto a los zapatos, no insista en mantener lejos de sus inquietos deditos el otro zapato cuando él quiere sostenerlo. Él puede alcanzárselo cuando usted termine con el primero.

Pida a su hijo hacer cosas; no ordene

Para lograr que su preescolar se acostumbre a preguntar amablemente por las cosas, enséñele a hacer solicitudes corteses. Diga: "Si me lo pides amablemente, te dejaré hacer X cosa". Luego, explíquele qué quiere decir por *amablemente*. Por ejemplo, pida a su hijo que diga: "Por favor, ¿puedes alcanzarme un tenedor?", cuando él lo necesite.

☞ *Lo que no debe hacer*

Castigar a su hijo por los errores que cometa

Con seguridad, habrá contratiempos a lo largo del camino; entonces, sea paciente. Si su hijo trata de servirse leche por sí mismo y la derrama accidentalmente, ayúdele a hacerlo con cuidado la próxima vez. No espere éxito inmediato.

Criticar los esfuerzos de su hijo

Evite recalcar los errores de su hijo. Por ejemplo, si se puso una media al revés, simplemente diga: "Pongamos el lado suave de la media contra el pie, ¿de acuerdo?"

Sentirse rechazado

No se sienta herido porque su hijo no aprecia su ayuda. Él está tratando de hacer las cosas por sí mismo y su ayuda puede ser percibida como un obstáculo. Si él pide: "Déjame abrir la puerta", deje que lo haga. Él sabe que usted puede hacer las cosas más rápido y con menos esfuerzo, pero quiere y necesita desarrollar sus habilidades. Aprecie sus esfuerzos para hacer las cosas por sí mismo.

Jazmín, la independiente

Durante los primeros tres años de la vida de Jazmín Manrique, su mamá le hizo todas las cosas. Ahora, "la señorita Independencia" quiere que su madre no haga nada, un cambio de personalidad que resultó confuso y frustrante para la señora Manrique. "¡No puedo quedarme esperándote, Jazmín!", decía su mamá cuando estaban atrasadas para llegar al jardín infantil, y Jazmín insistía en ponerse el abrigo por sí sola. "Tú no tienes la edad suficiente para hacer eso por ti misma".

La marea de exigencias por cumplir y rechazos al respecto comenzó a bajar cuando la señora Manrique se dio cuenta de que el problema estaba ocasionándole antipatía hacia Jazmín y su deseo de hacer las cosas por sí misma. Una mañana, mientras Jazmín estaba vistiéndose para salir, la señora Manrique observó que la niña se ponía el abrigo perfectamente por primera vez. "Es magnífica la forma como te pusiste el abrigo", dijo la señora Manrique. "¡Realmente te diste prisa para estar lista! ¡Estoy orgullosa de ti!" Jazmín dejó que su madre cerrara la cremallera sin poner el dedo, cosa que venía ocurriendo desde hacía semanas.

Cuando conducía hacia el jardín, la señora Manrique se dio cuenta de lo independiente que se había vuelto su hija. La profesora del Jazmín también observó que había crecido su interés por contestar preguntas y "ayudar" sin que se lo pidieran. La señora Manrique decidió que trataría de ajustarse al arrollador deseo de Jazmín por convertirse en alguien autosuficiente.

El siguiente día, Jazmín quiso poner la mesa por sí sola, como de costumbre. En lugar de enviarle el mensaje de que no podría hacerlo sola, la señora Manrique trató de alentar la independencia de Jazmín y a la vez cumplir con su propósito: tener la mesa lista en poco tiempo. Anunció: "Jazmín, puedes poner la mesa sola hasta que suene el timbre. Cuando se acabe el tiempo, yo te ayudaré".

Jazmín no sentía mucho entusiasmo hacia la ayuda de su madre, pero amaba la idea de ganarle-al-reloj. Se sentía muy orgullosa de sí misma por terminar la tarea antes de que sonara el timbre. La mamá de Jazmín también se sentía orgullosa. "Es excelente la manera como pusiste la mesa tú sola", comentó mientras cambiaba silenciosamente las cucharas al ponerlas al lado, no dentro, de los platos.

La señora Manrique continuó alabando los esfuerzos de su hija hacia la independencia. También hacía que, en lo posible, las tareas de Jazmín resultaran más fáciles; así comenzaron a trabajar juntas para terminar trabajos cuando era necesario.

Destruir las propiedades

Para los preescolares, la línea divisoria entre el juego destructivo y el creativo no está definida hasta que sus padres la enuncian con firmeza. Así que antes de que su hijo cumpla un año, trace la línea y dígale (y muéstrele) lo que puede y no puede pintar, rasgar o desarmar. Eso evita que su artista en potencia ocasione daños involuntarios a sus cosas y a las de los demás. Enseñe a su hijo a sentirse satisfecho con sus cosas y a cuidarlas, y deje fluir sus esencias creadoras por vías apropiadas como el papel (pero no las paredes) o el teléfono de juguete para desarmar (y no su teléfono).

Prevenga el problema
Compre juguetes fuertes que se puedan investigar pero no destruir

Es natural que los preescolares traten de desarmar o unir juguetes que se prestan para eso (al igual que los que no se prestan). Para estimular ese tipo de juegos creativos, llene el área de juegos de su hijo con juguetes que le sirvan para *hacer* algo (como juegos para apilar, los de hundir botones, etcétera), en vez de los que no se desarman (como los animales de peluche).

Regale a su hijo ropa vieja y cosas para romper

Proporcione mucha ropa vieja y materiales para jugar, para hacer *papier mâché* para disfrazarse, pintar y llevar a cabo actividades semejantes; así su preescolar no utilizará objetos nuevos o valiosos en sus proyectos.

Establezca y comunique reglas específicas para el uso y el cuidado de los juguetes

Los niños pequeños no tienen un conocimiento innato del valor de las cosas ni de cómo jugar apropiadamente con todo; así que enséñeles, por ejemplo, a usar lápices de colores en cuadernos diseñados para ese propósito, en lugar de dejarlos pintar en periódicos y novelas. Diga: "La única cosa que puedes pintar con los lápices de colores es tu libro para colorear. No se puede pintar nada más con ellos". En cuanto a otros comportamientos destructivos, diga: "Los libros no se pueden rasgar. Si quieres rasgar algo, avísame y yo te daré alguna cosa". O bien: "Esta manzana de cera no puede desbaratarse y no debe comerse como si fuera de verdad. Si quieres una manzana, dime y yo te daré una".

Vigile los juegos de su hijo y sea consecuente

No confunda a su hijo ni permita que reciba castigo una y otra vez mientras lo deja destruir lo que no debe. Él no sabrá qué esperar y no entenderá por qué usted destruye su diversión regañándolo con un "no se puede" cuando antes era un "sí se puede".

Recuérdele que debe cuidar las cosas

Incremente las oportunidades de mantener la destrucción en un nivel mínimo y deje saber a su hijo cuándo demuestra un magnífico cuidado de sus juguetes. Esto le refresca el recuerdo de la regla, le ayuda a sentirse bien consigo mismo y lo hace sentir orgulloso de sus posesiones.

Resuelva el problema

☞ *Qué hacer*

Aplique "sobrecorregir" el desorden

Si su hijo tiene más de dos años, enséñele a cuidar sus cosas al ayudar a limpiar los desastres que produjo. Por ejemplo, si escribió en la pared, tendrá que limpiar no sólo la que rayó sino todas las paredes del cuarto. Esta "sobrecorrección" del problema le muestra a su hijo un sentido de propiedad y solidaridad. (¡También le enseña cómo se limpian las paredes!)

Reprenda

Si su hijo tiene menos de dos años, repréndalo brevemente para que pueda entender por qué fue retirado del juego (explíquele lo que hizo mal, por qué eso está mal, y qué debe hacer en vez de eso).

Ponga a su hijo en tiempo fuera

Si ya reprendió a su hijo y él vuelve a destruir algo, repita la reprimenda y póngalo en tiempo fuera.

☞ *Lo que no debe hacer*

Reaccionar exageradamente

Si su hijo rompe algo, no arme un escándalo. Su enojo transmite la idea de que le importan más sus cosas que su hijo. Establezca si su grado de descontento respecto a la destrucción de algo no es desproporcionado.

Castigar demasiado

Si su hijo dañó algo muy valioso para usted, eso no le da derecho a dañar a su hijo. En vez de meterlo a la cárcel, guarde el objeto hasta que él tenga la edad suficiente para comprender su valor.

Iván, el terrible

Walter y Rebeca Vega supieron que tenían un hijo de tres años destructivo mucho antes de que la profesora de preescolar los invitara a una reunión. Podrían haberle contado a la profesora la historia del crayón morado en el papel amarillo del comedor y los monigotes dibujados sobre páginas de libros de pasta dura.

Cuando los Vega volvieron a casa después de la reunión, la niñera les contó que Iván había hecho dibujos sobre las baldosas con sus lápices de colores. "¿Cuándo vas a terminar con esta destrucción, Iván?", gritaba el señor Vega cuando le daba palmadas a su hijo y lo enviaba a su habitación. Un poco más tarde, descubrieron que Iván había rasgado tres de sus libros para pintar mientras estuvo en su habitación.

Los Vega decidieron cambiar de estrategia. En lugar de amenazar, o darle palmadas a Iván, lo obligaron a compensar sus conductas destructivas. En la siguiente ocasión, cuando descubrieron que Iván rompía las páginas de un libro, le dijeron: "Ahora tienes que arreglar este libro, Iván". Lo llevaron de la mano hasta el cajón donde estaba la cinta pegante, y le ayudaron a recortar la cantidad suficiente para pegar las páginas.

Iván no sólo tuvo que reparar libros; también tuvo que limpiar paredes, quitar los rayones de las baldosas y pegar las tarjetas que había roto. Ocurrió una cosa interesante: una vez que tuvo que reparar los daños, Iván repitió muy poco el comportamiento destructivo.

Cada vez que algo se dañaba, el señor y la señora Vega explicaban lo que Iván estaba autorizado a rasgar y lo que no. Los padres también alentaron a Iván a ser tan responsable como ellos con sus propiedades. Finalmente, Iván comenzó a asumir su responsabilidad. Resplandecía de orgullo cuando sus padres lo elogiaban por cuidar responsablemente sus libros, juguetes y animales de peluche, y estaba muy dispuesto a ofrecer compensaciones cada vez que caía en sus viejos hábitos destructivos.

A medida que la conducta de Iván se hizo menos destructiva, sus padres aún no esperaban que cuidara sus juguetes como ellos cuidaban sus cosas; pero tuvieron la precaución de proyectar una conducta pulcra, para que Iván pudiera ver que ponían en práctica lo que decían respecto al cuidado de las propiedades.

Las peleas contra las rutinas de limpieza

Desde el champú que no produce lágrimas hasta los pañales desechables, abundan productos para hacer que el baño, el cambio de pañales y el lavado del pelo sean tareas tan apetecibles como resulte posible para los preescolares y sus padres. Se espera e incluso se predice (como saben los fabricantes de estos productos) que los preescolares encontrarán desagradables estas rutinas, así que no se sienta solo cuando insista en remojar y enjuagar. Intente hacer que estas tareas de limpieza sean menos tediosas al distraer la atención de su hijo (cantar canciones, contar cuentos) y elogie cualquier cooperación (incluyendo sostener el jabón).

Nota: Distinga los productos que irritan físicamente a su hijo (hacen arder los ojos) de los que lo irritan psicológicamente (todos los jabones son detestables), mediante una cuidadosa evaluación de las protestas del niño. La mayoría de los padres pueden establecer la diferencia entre los gritos de sufrimiento y los que están motivados por el enojo, la frustración o el deseo de atención. Los gritos de sufrimiento no cambian de tono o duración cuando intervienen los padres o se presentan otras distracciones. Los otros gritos generalmente se expresan en cortos estallidos, interrumpidos por pausas en las que el niño espera escuchar una reacción de sus padres o niñera. Si es necesario, cambie los productos que irritan físicamente a su hijo por los que recomiendan los profesionales.

Prevenga el problema

Negocie los lugares y los tiempos para la limpieza

Trate de negociar con su hijo sobre temas como dónde se le cambia el pañal (en el sofá, de pie) o cuándo se lava el pelo. Sea flexible, para que su hijo no abandone una actividad favorita por tener que lavarse el pelo o se pierda el episodio de un programa de televisión aprobado por los padres por tener que cambiarse el pañal.

Involucre a su hijo en el proceso

Ayude a su hijo a desempeñar un papel en las rutinas de limpieza o el cambio de pañal. Pídale que le traiga cosas que pueda cargar (de acuerdo con su edad, nivel de habilidad y capacidad para seguir instrucciones). Deje que lleve un juguete favorito o una toalla, por ejemplo, para que tenga una sensación de control durante la rutina del baño.

Prepare a su hijo para la actividad de limpieza que viene

Dele a su hijo alguna advertencia antes del baño, por ejemplo, para hacer menos brusca la transición entre el tiempo de juego y el tiempo del baño. Diga: "Cuando suene el timbre, será el momento de la tina", o "En unos minutos te cambiaremos el pañal", o "Cuando terminemos de leer, llegará el momento de tu baño".

Reúna los elementos necesarios antes del baño

Si su hijo es muy pequeño para ayudarla, asegúrese de tener listas las cosas necesarias antes de comenzar el baño. Esto evita demoras innecesarias y reduce las frustraciones en ambas partes.

Desarrolle una actitud positiva

Su hijo captará el terror de su voz si su anuncio del baño suena como una sentencia a prisión. Si suena preocupada o ansiosa, le está diciendo que lo que viene debe ser tan horrible como él piensa. Su actitud es contagiosa, así que asuma una favorable que pueda ser imitada.

Resuelva el problema

☞ *Qué hacer*

Permanezca en calma y no tenga en cuenta el ruido

Cuando se lidia con un niño enojado, un estado de ánimo calmado resulta contagioso. Si usted no presta atención al ruido, él entenderá que el ruido no tiene poder sobre usted, que es lo que él busca cuando se resiste a la limpieza. Dígase a usted mismo: "Sé que los pañales de mi hijo deben cambiarse. Si no presto atención a sus gritos, podré hacerlo más fácil y rápidamente".

Diviértase en el proceso

Distraiga a su hijo hablando, jugando o cantando canciones infantiles. Diga: "Cantemos una canción" o "Apuesto a que no puedes agarrar este barco y ponerlo a flotar". Si su hijo está muy pequeño para participar verbalmente, inicie un monólogo.

Aliente a su hijo para que le ayude y báñelo con alabanzas

Pida a su niño que se lave su propia barriguita, se frote con jabón o abra el pañal (si su edad se lo permite) para transmitirle un sentimiento de control y participación en su higiene personal. Hasta el más pequeño signo de cooperación debe ser elogiado. Enjabónelo con palabras de aliento. Entre más atención reciba su hijo por comportarse como usted espera, más repetirá esas conductas para recibir sus caricias. Diga: "En verdad me encantó como te pusiste el champú en el pelo" o "Está muy bien la forma como te sentaste en la bañera", o bien "Gracias por permanecer acostado tranquilamente mientras te cambiaba el pañal".

Practique la regla de la abuela

Deje saber a su hijo que cuando él haga algo que usted quiere (como tomar el baño), usted hará algo que él quiera (como leerle un cuento).

Diga: "Cuando acabemos de bañarte, te leeré un cuento" o "Cuando terminemos, podrás jugar".

Persista en la tarea

A pesar de las reprensiones, gritos y chillidos, sea determinado en la finalización del proceso de limpieza. Entre más vea su hijo que chillar no ayuda a evitar que lo bañe, comprenderá mejor que usted terminará el trabajo más rápido si él no opone resistencia.

Felicite a su hijo cuando termine

Diga a su hijo lo encantador que luce y lo bien que huele. Pídale que se mire en un espejo. Esto le recordará por qué necesita bañarse o cambiarse el pañal. Aprender a sentirse orgulloso de su apariencia le ayudará a hacer de la limpieza una prioridad.

☞ Lo que no debe hacer

Exigir cooperación

El hecho de que usted exija cambiar a su hijo no significa que él permanecerá acostado mientras lo hace. Actuar con fuerza y rudeza sólo le enseña a responder también con fuerza y rudeza.

Hacer de la limpieza un suceso doloroso

Trate de hacer de la limpieza algo tan confortable como sea posible para su hijo. Ofrezca toallas que pueda usar para secarse los ojos, caliente el agua del baño adecuadamente, envuélvalo en una bata cuando termine, etcétera.

Eludir la limpieza

El hecho de que su hijo se resista no significa que usted tiene que echarse para atrás. La resistencia hacia la limpieza puede ser superada con persistencia, práctica y paciencia.

Océanos de diversión

Carola y Felipe Perez bañaban y lavaban el pelo a su hija de dos años, Lucía, exactamente como pensaban que lo hacía la mayoría de los padres. Pero suponían que algo malo pasaba con Lucía cuando gritaba y luchaba durante esas rutinas normales de limpieza. Los Pérez nunca tuvieron este problema con su otra hija, Isabel, y ninguno de sus amigos se había quejado nunca sobre esto.

Los Pérez le contaron al pediatra, quien les aseguró que los jabones, el agua y las toallas no eran dañinos ni irritantes. El señor Pérez pensó que era necesario establecer mayor disciplina, pero finalmente se pusieron de acuerdo en que la mejor estrategia sería hacer del baño algo más deseable para Lucía. La única actividad ligada al agua que Lucía disfrutó fue nadar en el océano Pacífico durante las vacaciones de verano. Entonces, los Pérez decidieron llamar a la hora del baño "los océanos de diversión".

Esa noche programaron el reloj para que sonara cuando llegara el momento de entrar al "océano". En sus viajes a la playa, siempre ponían el reloj para que marcara cuándo podrían ir al verdadero océano, porque Lucía siempre estaba pidiendo entrar en el agua. Esperaban que esta técnica también ayudara en su casa de la ciudad.

"Cuando suene el timbre, será el momento de jugar océanos de diversión", le dijo la señora Pérez a Lucía. "Terminemos de leer este libro mientras esperamos".

Cuando sonó el timbre, Lucía y su madre reunieron toallas y jabón, y Lucía hizo entusiastas preguntas sobre el nuevo juego. Lucía sonrió con deleite cuando su mamá la llevó al baño donde encontró el "océano" más azul que había visto en su vida (resultado de la espuma de baño azul) y botes de paseo navegando alrededor de un barco de juguete con un contenedor donde estaba el jabón (juguetes que había comprado la señora Pérez para añadir a la experiencia).

Lucía saltó adentro sin invitación alguna y comenzó a jugar con el "océano" de juguetes. Su mamá comenzó a entonar una canción sobre un barco remolcador, y le dio a su hija una porción de champú para que se aplicara en el pelo por primera vez. La limpieza continuó sin gritos ni chillidos, y sólo un poco de salpicaduras. La señora Pérez comenzó a bañar a Lucía en el "océano" al menos una vez por día, para darle más oportunidades de aprender cómo salpicar menos, lavarse a sí misma con más cuidado y disfrutar de la experiencia.

Agarrar las cosas

Desde el primer año, los niños sienten la alegría de explorar con sus dedos y sus dientes. No conocen lo que está prohibido y lo que se puede hacer, pero desde los dos años en adelante, son capaces de hacer la distinción una vez que usted les aclara las cosas. Mientras restringe las aventuras de su pequeño explorador, no olvide que debe tratar de alcanzar un equilibrio entre permitir que exprese una curiosidad saludable y normal, y enseñarle cuál es la conducta apropiada y cuál no lo es.

Prevenga el problema

Instale en su casa o apartamento elementos de seguridad para su hijo

Mantener las escaleras bloqueadas, y cerrados los gabinetes, las puertas y las áreas peligrosas, reducirá el número de prohibiciones diarias que debe hacer a su hijo. Los niños menores de tres años están muy ocupados estableciendo su independencia y marcando su mundo, de modo que no pueden entender por qué no pueden ir adonde quieren. Establecer límites físicos evitará enfrentamientos innecesarios (ver *Apéndice* I).

Establezca las prohibiciones

Decida cuáles serán las fronteras para su hijo, y explíquele esta información desde temprano y con frecuencia. Por ejemplo, diga: "Puedes jugar en la sala o en la cocina, pero no en el estudio de papá".

Guarde los objetos valiosos que no quiere ver rotos

Los niños de uno a tres años no entienden la diferencia entre un costoso jarrón y otro de plástico. Asegúrese de retirar los objetos valiosos hasta que su pequeño deje de agarrar todas las cosas a pesar de haberle prohibido hacerlo.

Enseñe a su niño cómo y cuándo puede entrar en las áreas prohibidas

Explique a su niño las formas aceptables para jugar en áreas prohibidas. Por ejemplo, si nunca le permite ir a una habitación o cruzar la calle, va a querer hacerlo cada vez más. Diga: "Puedes entrar en el estudio de mamá, pero sólo con mamá o acompañado por otro adulto".

Resuelva el problema

☞ *Qué hacer*

Reprenda

Reprenda consistentemente a su hijo por cometer una infracción en forma constante, para que entienda que usted habla en serio. Diga: "¡Deja de entrar en esa habitación! Siento mucho que no puedas jugar aquí. Ya sabes que esta es un área prohibida. Quiero que me pidas que te acompañe cuando tengas el deseo de entrar en esta habitación".

Ponga a su hijo en tiempo fuera

Si su hijo se sube permanentemente sobre la mesa de la cocina (y si esa es una conducta que "no-se-hace"), repréndalo de nuevo y póngalo en tiempo fuera para reforzar el mensaje.

Elogie a su hijo cuando siga las reglas

Dígale a su hijo lo orgulloso que se siente de él por recordar no hacer ciertas cosas. Elogiarlo así recompensará su conducta deseada con atención, y esto lo estimulará para hacer lo correcto de nuevo. Diga: "Es muy bueno de tu parte que juegues donde debes" o "Gracias por no subirte sobre la mesa".

Enseñe a su hijo a tocar con los ojos, no con las manos

Enseñe a su hijo que puede observar una joya, por ejemplo, con los ojos pero no con las manos. Esto le ofrece la libertad de explorar las cosas, pero en una forma controlada y limitada.

☞ *Lo que no debe hacer*

Dejar cuchillos, navajas o armas de fuego donde los niños puedan alcanzarlos

No importa cuánto entrenamiento en seguridad reciban los niños, la fascinación hacia las armas resulta irresistible. Mantenga las pistolas encerradas bajo llave, cada una con el seguro puesto, y guarde las municiones en un sitio separado que sea inaccesible para los niños. Guarde también *todos* los cuchillos y navajas bajo llave en sitios inaccesibles para los niños. Siempre es mejor prevenir que lamentar.

Convertir los "esto-no-se-hace" en algo atractivo al enojarse

Si usted se enoja cuando su hijo rompe una regla, él verá que puede atraer su atención a través de la mala conducta, y se sentirá alentado a meterse en problemas con mayor frecuencia.

Castigar demasiado

En lugar de castigar a su hijo por ser curioso y agarrar las cosas, enséñele a expresar su curiosidad en forma segura: una habilidad que le servirá mucho para el resto de su vida. En lugar de tratar de eliminar de una vez el comportamiento inapropiado, resalte las conductas positivas.

"¡No toques!"

"La curiosidad mató al gato" era el proverbio que la señora Soler recordaba que le decía su madre cuando no hacía caso de las prohibiciones, siendo niña. Ahora, se enfrenta a las exploraciones de lámparas y plantas de su hijo Samuel, de quince meses. Sabía que él no se portaba mal intencionalmente; se estaba portando como un niño normal. Pero ella no pensó si sus reacciones a la curiosidad del niño eran normales o mostraban autodisciplina. *"¡No! ¡No toques!"*, gritaba, golpeando las manos de su hijo o dándole palmadas cada vez que agarraba las cosas que sabía que estaban prohibidas.

Finalmente, la señora Soler se dio cuenta de que Samuel sólo estaba aprendiendo a evitar el castigo cuando era atrapado y cometía sus *"crímenes"* a espaldas de ella. Entonces, decidió guardar bajo llave las cosas que no quería que el niño tocara, colocar fuera de su alcance los objetos frágiles, y vigilarlo tanto como pudiera.

"Toca con los ojos, no con las manos", le dijo una activa mañana, cuando él comenzó a sacar todo lo que había en un joyero que ella olvidó colocar en lo alto de un estante. Ella guardó el joyero y llevó a su hijo a la cocina, donde los dos pasaron un buen rato, sacando ollas y cacerolas de los gabinetes. También jugaron con la llave y el seguro de la caja, y con muchos otros juguetes que estimulaban la imaginación y curiosidad de Samuel; juguetes apropiados para su edad, que se podían desarmar e incluso que podía tratar de destruir.

Los Soler comenzaron a disfrutar de un hogar más placentero cuando los objetos peligrosos o costosos fueron retirados del alcance de Samuel y reemplazados por cosas con las cuales podía jugar con seguridad. Aunque la señora Soler sabía que tenía que continuar vigilando la curiosidad de su hijo, le concedió más libertad que antes una vez su casa estuvo acondicionada para evitar peligros a su pequeño.

Un día, Samuel demostró que había aprendido las reglas cuando señaló una bolsa de harina que sabía que estaba en un área prohibida y dijo: "¡No, mamá! ¡No toques!" Para premiar su buen comportamiento, la señora Soler le dio una caja cerrada de arroz, que él adoraba agitar como si fuera un sonajero.

Levantarse de la cama por la noche

Los niños menores de seis años son famosos por saltar de la cama en plena noche para pedir libros, besos, leche o acostarse en la cama de sus padres. No olvide que el sueño es muy importante para los niños. Probablemente, su hijo quiere esos diez libros y esas cuatro bebidas realmente para estar cerca de usted; entonces, enséñele que irse a dormir hará que usted esté de vuelta más pronto a su lado que si exige atención.

Nota: Si no está seguro cuándo su hijo necesita algo o si simplemente quiere su atención (si todavía no habla o si grita en lugar de pedir algo), usted debe ir para saber qué ocurre. Si no suena como un problema médico, dele un beso rápido y un abrazo (de 30 segundos como máximo) y salga de su alcoba. Dígale con firmeza y amor que es tiempo de dormir y no de jugar.

Prevenga el problema

Hable con su hijo sobre las reglas de la hora de dormir en los tiempos de vigilia

Fije límites para la cantidad de vasos de agua que puede pedir o viajes al baño que puede hacer a la hora de dormir. Explíquele estas reglas en un tiempo neutral, pues así estará consciente de lo que usted espera que haga cuando llegue la hora de dormir. Diga: "Puedes llevar dos libros a la cama y tomar una bebida; yo te contaré dos cuentos antes de que te duermas". Si a su hijo le gusta acostarse en la cama de sus padres, decida, antes de que lo haga, si sus reglas se lo van a permitir. Es cosa de los padres decidir si quieren a sus hijos en su cama.

Prometa recompensas por cumplir las reglas

Logre que su hijo sea consciente de que cumplir las reglas, no romperlas, le traerá recompensas. Diga: "Si te quedas en la cama toda la noche (si esa es su regla), mañana podrás elegir tu cuento favorito para leer". Las recompensas pueden incluir desayunos especiales, paseos al parque, juegos favoritos o cualquier otra cosa.

Reafirme la idea de volver a dormirse

Recuérdele a su hijo las reglas de la hora de acostarse en el momento en que se vaya a la cama, para reforzar su memoria de discusiones previas al respecto.

Resuelva el problema

☞ *Qué hacer*

Lleve hasta el final las consecuencias de romper las reglas

Haga del romper las reglas un verdadero problema. Por ejemplo, si su hijo rompe una regla al ir a pedirle más de dos vasos de agua, vaya a su lado y diga: "Siento que te hayas levantado de la cama y hayas roto la regla de los dos vasos. Ahora tienes que dormir con la puerta cerrada, como dijimos" (si es que usted prometió que lo haría si él rompía la regla).

Permanezca firme con el cumplimiento de las reglas

Reafirme la regla cada vez que su hijo la rompe, enseñándole que cumple lo que dice. Por ejemplo, cuando vuelve a acostar a su hijo después de que se metió en su cama (en violación de su regla), diga: "Siento que te hayas metido en nuestra cama. Recuerda la regla: cada uno duerme en su propia cama. Te amo. Nos vemos en la mañana".

Sea cumplido con las recompensas

Enséñele a su hijo a confiar en que usted siempre cumple sus promesas de premiarlo por seguir las reglas.

☞ *Lo que no debe hacer*

Descuidar el cumplimiento de las reglas

Una vez que haya establecido las reglas, no las cambie a menos que lo discuta primero con su hijo. Cada vez que usted descuida cumplir con consistencia las reglas, su hijo aprende a tratar de obtener lo que quiere aunque usted le haya dicho que no.

Rendirse ante el ruido

Si su hijo grita porque usted reforzó una regla para irse a la cama, recuerde que él está aprendiendo una lección importante para la salud: la noche es para dormir. Mida cuánto tiempo grita su hijo, y observe los progresos que usted alcanza al educarlo para que no se resista al sueño. Si usted no responde al ruido, el tiempo del llanto se reducirá gradualmente y finalmente desaparecerá.

Utilizar amenazas ni infunda miedo

Amenazas como: "Si te levantas de la cama, los lagartos te comerán" o "Si vuelves a hacer eso, te azotaré", sólo contribuyen a empeorar el problema. A menos que esté dispuesto a cumplirlas, las amenazas son ruido innecesario. El miedo puede mantener a su hijo en la cama, pero puede crecer hasta asustarlo por muchas otras cosas.

Hablar con su hijo desde lejos

Gritar amenazas y reglas desde otra habitación le enseña a su hijo a gritar, y le indica que a usted no le importa suficiente como para hablar con él cara a cara.

Las excursiones nocturnas de Josefina

Josefina López, de dos años y medio, había dormido durante toda la noche desde que tenía seis meses. Sin embargo, desde el mes pasado, sólo había dormido unas pocas horas en la noche antes de despertar a sus padres con los gritos de: "¡Mamá! ¡Papá!" Al principio, los papás de Josefina corrieron a ver qué le ocurría a su hija, sólo para encontrar que pedía un vaso de agua en una ocasión, un abrazo más en la siguiente, e idas al baño en otras noches.

Después de muchas semanas de interrupciones, los hastiados padres decidieron poner fin a estas peticiones. Le dijeron: "Si no permaneces en la cama, serás castigada, señorita". Y regresaron a su cama sólo para escuchar a su hija bajar sigilosamente las escaleras hacia su habitación. Le dieron palmadas y le dijeron: "¡Vete a la cama o ya verás!", pero la mano dura pareció tener poco peso.

Los López se dijeron que las caminatas de la niña en mitad de la noche eran naturales; que todos atravesamos periodos de sueño superficial y de sueño profundo, pero también sabían que su hija podía elegir volverse a dormir en vez de despertarlos a ellos. Igualmente, se sentían seguros de su capacidad para distinguir entre una verdadera llamada de sufrimiento (un grito intenso e ininterrumpido) y una que sólo quería llamar su atención (breves estallidos de llanto).

Para resolver el problema, le concedieron más atenciones a Josefina si permanecía en la cama. "Si te quedas en la cama y no nos llamas —le dijeron cuando la acostaban una noche—, recibirás tu sorpresa favorita mañana en el desayuno. Si nos llamas en medio de la noche, cerraremos tu puerta, tendrás que quedarte en la cama y no recibirás ninguna sorpresa". Se aseguraron de explicar la nueva regla en términos claros y que su hija pudiera entender.

Esa noche, Josefina despertó a su madre: "¡Quiero un vaso de agua!" Pero ella cumplió su promesa de cerrar la puerta y no acudir a sus gritos. "Siento mucho que no te hayas vuelto a dormir,

Josefina", le dijo la señora López. "Ahora, tenemos que cerrar tu puerta. Nos vemos en la mañana".

Después de tres noches de sueño interrumpido y de puerta cerrada, Josefina entendió que despertar a sus papás no los traería junto a ella, y que permanecer tranquila en su cama toda la noche se traducía en la materialización —en la mañana— de las sorpresas prometidas el día anterior. Finalmente, los López pudieron dormir durante toda la noche, y la niña experimentó que las alabanzas por dormir durante toda la noche la hacían sentir mayor e importante, eso fue una recompensa adicional.

"Híper" actividad

"¡Juan es 'híper' activo!", exclamó su abuela después de dos agotadoras horas de cuidar a su pequeño nieto. "¡Nunca quiere sentarse... Ni siquiera para comer!" La mamá de Juan había escuchado antes el término *híper* para describir a su hijo, e incluso ella misma lo había usado. Pero cuando la abuela comenzó a quejarse sobre la conducta de Juan, la mamá del niño se preguntó: "¿Será Juan un niño normal, un activo niño de dos años, o será hiperactivo?"

Para ser diagnosticado clínicamente como hiperactivo, un niño tiene que moverse con demasiada frecuencia, dejar su asiento, correr o trepar excesivamente, tener problemas para jugar tranquilamente, no parar nunca o ser hablador en extremo. Estos niños sueltan la respuesta antes de que uno termine la pregunta, tienen problemas para esperar en las filas o al tomar turnos, e interrumpen o importunan a los demás. Puesto que estas conductas describen con frecuencia al promedio de los preescolares, es muy difícil aplicar la etiqueta de hiperactivo a un pequeño inquieto que da vueltas. Es necesario aplicar pruebas clínicas para establecer un diagnóstico adecuado, pero incluso estas no son definitivas en los casos de los preescolares. Si usted percibe cuatro de los síntomas mencionados en la actividad diaria de su hijo durante más de seis meses, un profesional en el diagnóstico de la hiperactividad puede ayudarle a entender la diferencia entre un niño "híper" activo y un niño hiperactivo, y le pueden ayudar a manejar la conducta en ambos casos.

Nota: La hiperactividad es considerada parte de un desorden más amplio, comúnmente conocido como Desorden de Hiperactividad y

Déficit de Atención (ADHD*), que se presenta en tres formas: ADHD, de tipo predominantemente distraído; ADHD, de tipo predominantemente hiperactivo/impulsivo; y ADHD, de tipo predominantemente combinado. Todas las formas de ADHD son de difícil diagnóstico antes del ingreso de los niños en la educación formal del colegio, cerca de los cinco años, donde se les exige en primer lugar permanecer sentados y prestar atención durante largos periodos, trabajar mientras permanecen sentados y memorizar materiales sobre los cuales se les preguntará después (ver Apéndice II).

Prevenga el problema
Sugiera actividades tranquilas

Si su hijo generalmente corre en vez de caminar y grita en lugar de hablar, emprenda actividades calmadas para moderar su velocidad vertiginosa. Por ejemplo, inicie un juego tranquilo, léale algo o tenga un tiempo de andar en puntillas y de susurrar para enseñarle que la calma y la lentitud son refrescantes cambios de ritmo.

Observe su propio nivel de actividad

¿La hiperactividad ocurre en las familias? Las investigaciones muestran que cuando un padre es diagnosticado como hiperactivo, es muy probable que sus hijos también lo sean. Deténgase a mirar su propia vida: ¿Puede permanecer sentado largo tiempo? ¿Su forma de caminar siempre es apresurada? Si usted es una persona con mucha energía, siempre dispuesta, cuya "híper" actividad no interfiere con su éxito o su felicidad, entonces su hijo simplemente puede haber heredado su temperamento innato. Dado que los niños son grandes imitadores, bajar su nivel de actividad puede mostrarle a su preescolar cómo saborear el momento.

---

* Siglas en inglés: Attention Deficit Hyperactivity Disorder.

Evite la televisión "híper" activa

Si su hijo está en constante movimiento, su entretenimiento no debe estarlo. Los programas de televisión violentos y locos sirven como modelos para conductas que usted no quiere que su hijo imite. Apague la televisión para eliminar al menos una de las fuentes de ruido e "híper" actividad que no necesita en la casa. En su lugar, ponga una música suave y relajante o sintonice la televisión en un programa tranquilo.

Resuelva el problema

☞ *Qué hacer*

Practique hacer las cosas despacio

Ofrezca oportunidades a su hijo para caminar –no correr– de un punto A a un punto B. Diga: "Muéstrame cómo caminar desde la cocina hasta la sala. Sé que puedes hacerlo. Si caminas en vez de correr, estarás a salvo". Incremente gradualmente el número de caminatas, hasta diez en cada sesión.

Ofrezca una variedad de actividades

Los niños nacidos para vivir ocupados revolotean como moscas de actividad en actividad y no pueden permanecer en un solo sitio. Ofrezca a su hijo "híper" activo una gama de elecciones y dígale: "Puedes pintar en tu tablero, jugar con arcilla en la cocina o construir con tus bloques. Programaré el reloj y podrás realizar una de esas actividades hasta que suene el timbre. Luego podrás elegir otra cosa si quieres". Ofrezca a su hijo muchas opciones que puedan satisfacer la necesidad de estar ocupado, sin que usted tenga que distraerse.

Estimule el ejercicio

La intensa energía de su hijo necesita válvulas de escape constructivas para satisfacer la necesidad de estar en acción. Déjelo correr en el parque o en su jardín cada vez que pueda, o asegúrese de que la niñe-ra le conceda un tiempo para correr. Aunque resulte tentador reclu-tarlo para el equipo deportivo donde están todos sus amigos, tenga cuidado con iniciar desde muy temprano a su preescolar en deportes que puedan lesionar su cuerpo o "quemarlo" antes de que cumpla los diez años. Su hijo necesita libertad para acelerar sus nuevos motores sin ser acorralado en un escenario organizado y competitivo.

Enseñe relajación

Cuando el niño aprende a relajar el cuerpo, su motor se vuelve más lento y él se siente menos frenético. Ayúdele a evitar la constante presión para hacer más, en forma más rápida y más pronto, al con-servar la voz suave y relajada, masajear su espalda y hablar con él sobre lo calmado y relajado que se siente su cuerpo.

Busque ayuda

Si la "híper" actividad de su hijo pone en peligro su salud, provoca el distanciamiento de sus amigos y afecta negativamente su aprendizaje, consulte a un profesional especializado para determinar la causa de su nivel de actividad superior al promedio (ver *Apéndice II*).

☞ *Lo que no debe hacer*
Cartigar

Cuando su hijo "hiper" activo se estrelle accidentalmente y rompa su jarrón más precioso, respire profundo y diga: "Siento que eligieras correr en vez de caminar. Ahora tienes que practicar a caminar en la casa y así yo sabré que puedes hacerlo. Después, los dos limpiaremos este desastre". De este modo, usted logra la finalidad de enseñarle a su hijo a caminar en vez de correr, a respetar los objetos y a ser res-ponsable de sus actos.

Prohibir salir

Su activo hijo necesita ocasiones diarias para jugar a puertas abiertas; así que prohibirle salir de la casa o de su habitación puede generar dos problemas: (1) su "híper" actividad aumentará hasta niveles explosivos, y (2) aprenderá que puede ser "híper" en la casa en vez de afuera.

Confiar exclusivamente en las medicinas

Confiar exclusivamente en las medicinas no le enseñará autocontrol a su hijo. Antes de decidir qué instrumentos conductuales y medicinas son necesarios para el bienestar de su hijo, pida una revisión exhaustiva a un profesional especializado en el diagnóstico de niños "hiper" activos.

Locos por Mateo

Cuando Juana y Roberto Arciniegas asistían a la reunión con la profesora de Mateo en el jardín infantil, no se sorprendieron del todo al oír el comentario de la señorita Susana sobre la intensa actividad de su hijo de cinco años. "Incluso me tenía despierta en las noches, cuando estaba embarazada de él; era muy inquieto", le dijo Juana. "Cuando Roberto sale de la ciudad, dejo que Mateo duerma conmigo, pero es lo mismo. No puedo dormir mucho porque él es muy inquieto. Él nunca camina, corre. Es parecido a su papá". Juana puso su mano en la rodilla de Roberto, quien había estado en movimiento constante desde que se sentó por primera vez para escuchar la reunión. "Sí, yo era un niño con mucha energía", dijo Roberto sonriendo. "Mamá tuvo que ir muchas veces al colegio a sacarme de apuros porque siempre estaba en problemas: por levantarme de mi asiento, hablar o hacer algo estúpido. Tuve que tomar medicinas para calmarme. ¿Piensa que Mateo necesita medicinas?"

La señorita Susana les respondió: "Bueno, ahora no hay un problema tan grande en el jardín, así que no creo que necesite tomar medicinas. Pero conviene observarlo con atención". Y añadió: "Cuando entre a la escuela el próximo año, ustedes deberán trabajar de cerca con su profesora para saber si se debe hacer algo más. Mientras tanto, aquí hay una lista de actividades que pueden emprender para bajar un poco su velocidad, y los nombres de los mejores centros médicos a los que pueden ir para obtener una evaluación completa. Creemos que los niños tienen que recibir una evaluación minuciosa antes de tomar cualquier medicina".

Juana y Roberto se llevaron la lista a casa y comenzaron a trabajar con Mateo. Muchas veces durante el día, tuvieron momentos de tranquilidad durante los cuales leyeron cuentos o se relajaron. Al principio, Mateo no podía permanecer sentado por más de cincuenta o sesenta segundos, pero gradualmente comenzó a permanecer sentado durante diez minutos seguidos. Los Arciniegas también suspendieron muchos de los programas de televisión que a Mateo le gustaba ver e imitar, desde caótica lucha libre hasta artes marciales, después de que la profesora sugiriera limitar su exposición a tan frenéticas conductas. Papá y mamá también establecieron una nueva regla en la casa: "Cuando estés en casa, tienes que caminar. El sitio para correr es afuera". Y para enseñarle esta regla, condujeron a Mateo a recorrer la casa caminando, lo cual fue completamente nuevo para él.

"¡Pero qué haré si tengo prisa! ¿Por qué no puedo correr si quiero?", preguntó Mateo. Juana sonrió ante esta pregunta. Recordó cuando tuvo que ayudar a Roberto a aprender cómo ir más despacio, después de que derribara una lámpara, tratando de volar hasta la cocina y volver antes de que terminara un comercial de televisión.

"Porque es contra la regla correr en la casa", le respondió. "Correr es algo que se hace afuera, donde tienes mucho espacio y no te golpearás contra los muebles".

Juana también comenzó a hacer ejercicios sencillos de relajación con Mateo en el momento de acompañarlo a dormir. Le dio un masaje en la espalda mientras le decía suavemente: "Te sientes tranquilo y relajado, tus pies se sienten pesados y relajados, tus piernas, tu barriguita, tu espalda, tus brazos y manos, todos se sienten relajados y confortables. Todo tu cuerpo está relajado y tibio. Tu mente está tranquila, y te sientes sereno. Ahora, mi amor, piensa en permanecer en tu cama tranquilo y caliente mientras te sientes tan calmado".

Gradualmente, Mateo se volvió más calmado y tranquilo y, de algún modo, menos activo. No siempre le resultaba fácil mantenerse quieto, pero se esforzaba por lograrlo con la ayuda de sus papás y su profesora, quienes lo prepararon para una transición suave hacia el menos activo mundo del "colegio para grandes".

Interactuar con extraños

"¡No recibas dulces de los extraños!"; esta es una prohibición que millones de padres hacen a sus preescolares desde muy pequeños. La prohibición es válida; los niños necesitan aprender a comportarse ante extraños, al igual que deben aprender cómo relacionarse con la familia, los amigos y los conocidos. Cuando esté con su hijo, intente minimizar su miedo hacia los extraños, enseñándole cómo ser amigable con la gente que no conoce; pero al mismo tiempo, enséñele qué hacer cuando se aproxime un extraño y usted no se encuentre cerca. Tanto usted como su hijo se sentirán más seguros sabiendo que él entiende lo que debe hacer cuando usted esté cerca y cuando no lo esté.

Prevenga el problema
Establezca las reglas

Enséñele a su hijo las reglas para interactuar con desconocidos. La regla básica puede ser: "Cuando estés conmigo, puedes ser amigable y hablar con extraños, pero cuando yo no esté contigo, no hables con extraños. Si cuando estás solo, un extraño te pide ir con él o trata de darte alguna cosa, tienes que decir 'No', correr a la casa más cercana y tocar a la puerta".

Practique las reglas

Finja que usted es un extraño y pídale a su hijo que siga sus reglas con respecto a los extraños. Ensaye diversos escenarios, hasta estar segura de que él sepa responder como usted espera.

Evite asustar a sus hijos

Inculcar miedo a los extraños sólo alimenta la confusión y no le enseña a sus hijos qué hacer. Ellos necesitan saber qué hacer en el momento en que los extraños invadan su espacio. Volverlos temerosos destruirá su capacidad para comportarse racionalmente.

Resuelva el problema

☞ *Qué hacer*

Recuerde a su hijo la regla al elogiar la conducta correcta

Si su hijo saluda a un extraño cuando usted está presente, muestre su aprobación diciendo: "Me alegra que hayas sido amistoso. Ahora dime cuál es la regla respecto al comportamiento ante los extraños cuando yo no estoy contigo". Entonces, alabe a su hijo por recordar la regla.

Aliente a su hijo a ser amistoso

Los niños amistosos tienden a ser más rápidamente aceptados por los demás a lo largo de su vida; así que es importante enseñarle a su hijo a ser amistoso. No obstante, también es importante explicar a los niños, pequeños y grandes, cómo ser amistosos y al mismo tiempo estar a salvo. Por ejemplo, sugerir que su hijo salude a los extraños cuando usted está con él lo alienta a ser amistoso. Pero no permitirle decir nada a los extraños cuando usted no está con él, le ayuda a mantenerse a salvo.

Fije las fronteras de los extraños

A los niños les resulta imposible distinguir rápidamente entre extraños potencialmente peligrosos y los que son inofensivos. Es por esa razón que usted tiene que establecer la regla respecto a cómo relacionarse con extraños cuando usted no está presente. Explíquele a su hijo que ser amistoso con los extraños, sin importar que usted esté presente o no, jamás incluye aceptar de ellos regalos, dulces, paseos o ayudarles a encontrar mascotas perdidas.

☞ *Lo que no debe hacer*

Inculcar temor a la gente

Para ayudar a su hijo a evitar el peligro de ser víctima de abusos sexuales, enséñele sus reglas respecto al trato con extraños. Sin embargo, no le enseñe a tenerle miedo a la gente. El miedo sólo inhibe la toma de decisiones adecuadas, sin importar la edad.

Preocuparse porque su hijo llegue a molestar a otros al ser amistoso

Incluso si los extraños no siempre aceptan o reconocen los saludos, es bueno para su hijo saludar a las personas en los momentos y lugares apropiados.

Mantener a Manuel a salvo

"¿Cómo podemos enseñarle a nuestro hijo de tres años y medio a ser amistoso y al mismo tiempo mantenerlo a salvo cuando no estamos cerca?" Este era el desafío que los Herrera enfrentaban al tratar de resolver el problema de su excesivamente amistoso hijo Manuel. "Corres el peligro de que algún día alguien pueda tomar ventaja de tu carácter amistoso", le explicaban a Manuel, "así que, ¡no hables con extraños!"

Manuel siguió estas órdenes tan atentamente que se convirtió en un niño aterrorizado ante los extraños, y comenzó a tener rabietas cada vez que sus papás lo llevaban al centro comercial o a la tienda. No quería ver a extraños, le explicó a su mamá, porque eran tan malos y peligrosos que ni siquiera podía saludarlos.

Los Herrera se sintieron frustrados al ver que cuando trataron de inculcar instrucciones con la mejor intención, les salió el tiro por la culata. Finalmente, comprendieron que Manuel no había entendido la diferencia entre el hecho de saludar, que ellos alentaban cuando estaban con él, y el hecho de saludar o irse con extraños o recibir algo de ellos; que querían prevenir cuando no estaban con él. Manuel no había entendido porque sus padres no le habían dado la oportunidad de comprender.

"Los extraños pueden hacerte daño si vas a algún lugar con ellos o recibes algo que te den", le dijo la señora Herrera a su hijo. "La nueva regla es que puedes hablar con quien quieras siempre y cuando yo esté contigo. Pero si no estoy contigo y alguien te ofrece algo o quiere que vayas con él a algún lado, no hagas caso a esa persona y ve a la siguiente casa o con el adulto del almacén más cercano". Los Herrera practicaban esta regla al llevar a Manuel al centro comercial y ensayar los procedimientos mientras su madre hacía el papel de un "extraño".

La señora Herrera le repitió la regla durante una semana a su hijo, hasta que se volvió habitual para él. Para reforzar la lección, su madre también practicó saludando a otras personas. Manuel observó eso y elogió a su madre por hacerlo, tal como ella lo elogiaba a él por seguir la regla.

La preocupación de los Herrera por la seguridad de Manuel no desapareció por completo. De vez en cuando, hacían practicar a Manuel la seguridad ante los extraños, para convencerse de que entendía y recordaba la conducta que lo mantendría seguro.

Interrumpir

Puesto que la más preciada posesión de un preescolar es la atención de sus padres, intentará cualquier cosa para recobrarla cuando el teléfono, el timbre de la puerta o alguna persona la interrumpan. Ponga límites a los trucos que el niño trata de usar para conservar su atención completa, como darle juguetes especiales reservados para las ocasiones en que debe hablar con la competencia. Eso mantiene al niño ocupado sin usted, mientras usted está ocupada sin él.

Prevenga el problema

Limite la extensión de sus conversaciones

Su niño posee una capacidad limitada para postergar la satisfacción de los deseos, así que trate de no extenderse en las conversaciones con otros mientras su hijo está cerca, desocupado y en espera de su atención.

Practique jugar al teléfono

Enseñe a su hijo lo que usted quiere decir exactamente con *no interrumpir*, con dos teléfonos de juguete, uno para cada uno. Dígale: "Así es como yo hablo por teléfono y así es como jugarás mientras estoy en el teléfono". Entonces, deje que su hijo pretenda hablar por teléfono mientras usted juega sin interrumpirlo. Esto le enseña lo que debe hacer en lugar de interrumpirlo a usted.

Establezca actividades para jugar mientras está en el teléfono

Reúna juegos especiales y materiales en un cajón cerca del teléfono (permita que los niños mayores de dos años elijan sus materiales). Deje que su hijo se entretenga con esos juguetes mientras usted habla por teléfono. Para evitar probables interrupciones futuras, conceda atención periódica al niño, sonriéndole y diciéndole lo bien que juega. Algunos materiales requieren de supervisión adulta (pinturas, acuarelas, plastilina, crema de afeitar y marcadores mágicos, por ejemplo); entonces úselos solamente cuando esté en condiciones de vigilar a su hijo cuidadosamente. Asegúrese de tener juguetes junto al teléfono que se ajusten al nivel de habilidad de su hijo, para reducir la posibilidad de demandas de ayuda que interrumpan su conversación.

Resuelva el problema

☞ *Qué hacer*

Elogie a su hijo por jugar tranquilamente y no interrumpir

Si su hijo recibe atenciones (sonrisas, elogios y demás) por jugar y no interrumpir, se inclinará menos a entrometerse en su conversación. Pida excusas por un momento en su conversación y diga a su hijo: "Gracias por jugar tan tranquilamente. Estoy muy orgullosa al ver que te diviertes por tu cuenta".

Cuando sea posible, involucre a su hijo en la conversación

Cuando la visite una amiga, trate de invitar a su hijo a participar en la conversación. Eso reducirá la posibilidad de que la interrumpa para recibir su atención.

Use la regla de la abuela

Use un reloj para dejarle saber a su hijo que pronto será toda suya de nuevo. Él podrá ganarse su atención y se divertirá al mismo tiempo. Dígale: "Cuando hayas jugado con tus juguetes por dos minutos y suene el timbre del reloj, yo habré acabado de hablar por teléfono y jugaré contigo".

Reprenda y use el tiempo fuera

Reprenda al niño con frases como: "Deja de interrumpir. No puedo hablar con mi amiga cuando me interrumpes. En lugar de interrumpir, por favor, juega con tus carros". Si su hijo sigue interrumpiendo, use el tiempo fuera para alejarlo de la posibilidad de obtener atención mediante las interrupciones. Diga: "Siento mucho que sigas interrumpiendo. ¡Tiempo fuera!"

☞ *Lo que no debe hacer*

Enojarse ni gritarle a su hijo por interrumpir

Gritarle a su hijo por causa de cualquier conducta sólo lo alienta a gritar también.

Interrumpir a las personas, especialmente a su hijo

Incluso si su hijo es un loro que no para de hablar, muéstrele que usted pone en práctica lo que dice al no interrumpirlo cuando habla.

"¡Ahora no, Ana!"

Cada vez que la señora Prieto hablaba por teléfono, su hija de tres años, Ana, la interrumpía con solicitudes de jugo de manzana o juguetes que estaban en "sitios altos". También hacía preguntas como "¿Adónde iremos hoy?" Aunque la señora Prieto quería contestarle, le explicaba con calma en cada interrupción: "Corazón, mamá está en el teléfono. Por favor, no interrumpas". Pero Ana continuaba interrumpiendo.

Así que un día la señora Prieto comenzó a gritar:"¡No me interrumpas! ¡Eres una niña mala!" También le dio a su hija una rápida palmada para que se callara. Pero la palmada no sólo no calló a la niña, sino que la enojó hasta el punto de gritar y chillar tan alto que su madre no pudo continuar con su conversación. Entre más gritaba la madre, más interrumpía la hija, una relación de causa-efecto que la señora Prieto entendió finalmente y decidió invertir. Ahora, le daría atención a su hija por no interrumpir, en lugar de dársela por interrumpir.

La mañana siguiente, Gloria llamó a la señora Prieto para su conversación habitual de los lunes. Pero la señora Prieto le dijo que no podía hablar porque estaba jugando con los niños. Cuando le explicaba esto a su amiga, notó que Ana comenzaba a entretenerse con los juguetes que la señora Prieto había colocado cerca del teléfono. "Gracias por no interrumpir", le dijo a Ana al tiempo que le daba un gran abrazo. Cuando colgó el teléfono, alabó de nuevo a Ana: "Gracias por no interrumpirme mientras le contaba a Gloria sobre nuestra comida de esta noche. Ella quería una receta para el pastel de carne. Aquí hay unos marcadores para que juegues, si quieres, cuando yo hable por teléfono". Esos juguetes resultaron especialmente fascinantes para Ana porque fueron bautizados como "juguetes del teléfono", con los cuales tenía la oportunidad de jugar sólo cuando su madre hablaba por teléfono.

Cuando sonó el teléfono nuevamente, tanto Ana como su madre sonrieron por anticipado. "Ana, el teléfono está sonando. Puedes entretenerte con los juguetes del teléfono". La niña corrió a tomar los marcadores. Mientras estaba en el teléfono, la señora Prieto observaba a Ana con cuidado y alentaba su conducta respetuosa con ocasionales:"¡Qué bien juegas!"

Los celos

Los niños muy pequeños y los preescolares creen que tienen que recibir atención completa cada vez que la reclaman porque sienten que son el centro del universo. Esta visión egoísta de la vida es fuente de rivalidad y celos entre hermanos. Cuando la atención que piden no está allí porque se le está otorgando al nuevo bebé, a otro hermano e incluso al esposo/a, los preescolares frecuentemente se transforman en el monstruo de los celos. Poseídos por esos celos, se enfadan, sabotean, gritan o exigen más atención al golpear a sus hermanos, romper juguetes, hacer rabietas y cosas por el estilo. Justificados o no, los celos de su hijo pueden arrancarle el corazón. Aproveche la conducta celosa como una oportunidad para enseñar, concediendo atención a sus necesidades y siendo solidaria (ver *La rivalidad entre hermanos*, pág. 174, para encontrar soluciones adicionales a los problemas de celos).

Prevenga el problema
Invite a su hijo a participar en los cuidados del nuevo hermano

Mientras cambia al bebé, por ejemplo, cuente con la ayuda de su hijo para pedirle un nuevo pañal, sostener la crema o entretener al recién nacido. Si su preescolar se pone celoso mientras usted abraza al bebé, un abrazo más grande, que lo incluya a él, puede volver a poner el viento a su favor.

Elogie el compartir

Cuando su hijo acepte que su atención se dirija hacia otra parte, resalte su buena disposición a compartir y diga: "Fue muy amable de tu parte compartirme con el bebé. Gracias por ser tan generoso".

Ayude a su hijo a sentirse especial

Para mantener acorralado al monstruo de los celos, permita que su hijo ayude a abrir los regalos y se los enseñe al bebé. Alentar a los amigos y parientes a traer regalos para los dos hijos ayuda al niño mayor a sentirse especial.

Resoluelva el problema

☞ *Qué hacer*

Muestre empatía

Cuando estallen los celos, deje saber a su hijo que usted entiende cómo se siente. Diga: "Sé que no te gusta que yo tenga que cuidar al bebé, pero pienso que eres capaz de manejarlo. Después de que juegues con tus bloques de construcción jugaré contigo".

Ofrezca actividades alternativas

Entienda que su hijo siente celos porque se siente abandonado cuando usted y su esposo quieren pasar un rato juntos. Ofrezca a su hijo algo constructivo para hacer, hasta que usted esté listo para concederle su atención completa. Diga: "Papi/mami y yo queremos hablar por un rato. Puedes jugar mientras suena el timbre. Después, si quieres podremos hablar los dos".

Mida su tiempo

Para un niño, amor se escribe como T-I-E-M-P-O. Considere cuánto tiempo pasa con su hijo al leer cuentos, responder preguntas, compartir comidas, jugar y otras actividades. Cuando su hijo se sienta seguro de su amor, sus celos disminuirán porque sabrá que él es su prioridad número uno. Dígale "te amo" muchas veces al día. Fortalezca los lazos con cada uno de sus hijos estableciendo citas especiales para jugar con ellos, así cada uno se sentirá valorado e importante.

Convierta los celos en colaboración

Un niño pequeño quiere que su mundo exista sólo para él, pero también quiere ser independiente. Necesita aprender que la independencia tiene su precio: tiene que renunciar a que sus padres le concedan atención completa para alcanzar un sentido de control y autodeterminación. Enseñar a los niños pequeños y a los preescolares a ser solidarios con sus hermanos y con otros, cuando se sienten dejados de lado y celosos, les ayuda a convertir una conducta negativa en algo positivo y valioso. Diga: "Sé que quieres que juegue contigo ahora, pero antes tengo que llevar a tu hermano a su entrenamiento de fútbol. Ven y ayúdame a colocar las naranjas en la bolsa para que los chicos tengan un refrigerio. Si quieres, puedes tomar una".

☞ *Lo que no debe hacer*

Compare a su hijo con sus hermanos o con otros niños

Decir cosas como "Quisiera que fueras tan útil como tu hermano pequeño" o "¿Por qué no puedes ser tan amable como tu hermana mayor?" sólo le dice a su hijo que no está a la altura de lo que usted espera que sea. Para los niños, eso se traduce en no ser digno de amor como otros miembros de la familia, lo cual es una forma segura para despertar al monstruo de los celos.

Castigar

Cuando su hijo se sale de sus casillas porque quiere atención completa de su parte, castigarlo por eso sólo incrementa el distanciamiento. En lugar de hacer eso, enséñele cómo arreglárselas cuando no tenga toda la atención que desea en el momento en que quiere. Diga: "Siento que estés molesto porque no pueda jugar en este momento. Hagamos un trato. Jugaré con tu hermanita un rato y cuando suene el timbre, te leeré un cuento. La próxima vez se turnarán y tú serás el primero".

Diana el monstruo

Diana Gómez se emocionó mucho cuando supo que iba a tener un hermanito o una hermanita. Le encantaba la idea de tener un compañero para jugar, que para ella era como tener un nuevo juguete. Sus papás, Santiago y Cristina Gómez, estaban convencidos de que Diana no tendría ningún problema en aceptar al nuevo bebé. ¡Pero les esperaba una sorpresa!

Todo iba bien durante los primeros días, cuando el bebé Jorge llegó a casa, porque Diana pudo recibir mucha atención de su abuelita. Pero Diana les dijo a sus papás que creía que algo andaba mal con Jorge, porque no olía bien algunas veces y no era capaz de jugar con ella como quería. No obstante, tranquilizó a su mamá, diciendo: "Supongo que está bien que se quede. Conservémoslo por un tiempo más".

Sin embargo, cuando la abuela se fue de nuevo a su casa —a miles de kilómetros de distancia—, Diana se dio cuenta de que su mamá tenía que pasar mucho tiempo cuidando al bebé Jorge; entonces, decidió que tenía que volver a imponerse como la "número uno" de la casa.

Optó por quejarse durante un tiempo, pero eso no obligó a su mamá a dejar al bebé y venir a jugar con ella. Entonces decidió hacer rabietas, pero eso tampoco llamó la atención de nadie. Así que resolvió comenzar a desobedecer a lo que le pedían mamá y papá, como recoger sus juguetes o lavarse los dientes. Su mamá estaba exasperada con este cambio de actitud y le dijo: "Diana, ¿qué pasa contigo? Tiempo fuera para ti, jovencita".

Cuando Santiago volvió a casa esa noche y supo lo que había pasado con Diana, su primera respuesta fue: "¡Ah, sí! El monstruo verde vino a visitarnos. La abuela nos advirtió que eso podría ocurrir".

Entonces los Gómez establecieron un plan para comprometer a Diana en el cuidado del bebé. Se convirtió en la pequeña ayudante de mamá y estaba ansiosa por colaborar cuando había que cambiar a Jorge o darle de comer. Incluso llegó a sostener el libro de cuentos para que Cristina pudiera leerle mientras cambiaba a Jorge. Cuando la abuela volvió de visita, trajo regalos para el bebé y para Diana, quien corrió a abrir el regalo del bebé para mostrarle lo que le había traído la abuela. La abuela también pasó mucho tiempo con Diana, para que no se sintiera relegada cuando ella cargaba al bebé.

Como por milagro, el monstruo verde de Diana se convirtió en una agradable compañía. Los Gómez supieron que su empatía con su hija le ayudó a aceptar al nuevo miembro de la familia y a entender la importante responsabilidad de ser la hermana mayor.

Mentir

Los niños muy pequeños y los preescolares viven en un interesante mundo donde la fantasía y la realidad se encuentran mezcladas. Disfrutan los dibujos animados, los juegos electrónicos, Papá Noel, las brujas malvadas, las capas para volar, la ficción y cosas semejantes. Sus relatos frecuentemente revelan miedos ocultos. Por ejemplo: "Mamá, ¡hay un monstruo en mi cuarto! ¡Ven a salvarme!" Esta puede ser una forma de decir que tiene miedo a la oscuridad. Los niños muy pequeños y los preescolares se pueden convencer de casi cualquier cosa. Si quieren creer en algo suficientemente, pueden convencerse incluso de que la mentira más grande es cierta.

Mentir indica otro paso hacia la independencia, como los pollitos cuando estiran sus alas y se alejan del control de sus padres. Entonces, ¿qué debe hacer un padre? Su trabajo es captar el sabor de la mentira y venderle a su hijo los beneficios de decir la verdad. Saber que la verdad es importante para usted puede hacer que el hecho de ser honesto resulte más importante para su niño.

Prevenga el problema

Refuerce el decir la verdad

Ofrezca elogios cuando sepa que escucha la verdad, sin tener en cuenta si se refiere a algo bueno o malo. Esto le ayuda al niño a establecer la diferencia entre lo que es cierto y lo que no lo es.

Diga la verdad

Cuando su preescolar pide una galleta exactamente antes de la cena, usted puede estar tentado a decir: "No hay galletas", en lugar de decirle la verdad, que es "No quiero que te comas una galleta antes de cenar". Al mentirle, usted le está diciendo que está bien mentir cuando él quiere hacer algo inconveniente. Él sabe dónde están las galletas, así que usted no debe pretender que él no lo sabe. Diga: "Sé que quieres una galleta ahora, pero cuando termines la cena, puedes tomar una tú mismo".

Conozca los sabores de la mentira

La mentira viene en una variedad de sabores. Las de vainilla pura son bien conocidas por todos: mentir para no meterse en problemas. "Yo no me comí la última galleta" es un buen ejemplo. Las mentiras para evadir hacer algo que no se quiere hacer tienen un sabor amargo. Por ejemplo, su hijo podría decir: "Seguro, mamá, me lavé los dientes", cuando en realidad no lo ha hecho. Por último, están las mentiras siempre populares, con sabor extrasuave, que es cuando los niños tratan de impresionar a los otros con comentarios como: "Tengo *tres* caballos que puedo montar todos los días. ¿Qué les parece?"

Permanezca compenetrado

Entender el sabor de las mentiras de su hijo es actuar y responder como corresponde. Por ejemplo, cuando su hijo le dice que él no fue quien marcó las paredes de su cuarto con lápices cuando usted sabe bien que sí lo hizo, dígale: "Entiendo que no quieres ser castigado, pero lo que me decepciona más es que hayas escogido mentir en lugar de decirme la verdad. Siempre puedes decirme la verdad, para que podamos solucionar los problemas juntos". Su hijo se sentirá más cómodo al enfrentar la situación y decir la verdad si sabe que usted es receptiva a sus sentimientos.

Busque la honestidad

Busque personas y acontecimientos que demuestren la honestidad y la verdad. Recalque estos ejemplos a su preescolar para reforzar el mensaje de ser honesto como algo importante.

Resuelva el problema

☞ *Qué hacer*

Muestre cómo hiere la mentira

Cuando atrape a su hijo en una mentira, explíquele cómo esta los hiere tanto a usted como a él. "Siento que hayas escogido no decir la verdad. Eso me entristece porque no puedo confiar en lo que dices. Digamos la verdad para que yo pueda creer lo que me digas".

Explique las diferencias entre mentir y decir la verdad

Los preescolares no siempre saben que lo que están diciendo es mentira porque para ellos puede parecer verdad. Ayude a su hijo a entender la diferencia entre realidad y fantasía, diciendo: "Sé que deseas que tu amigo te estime, pero decirle que tienes 101 dálmatas viviendo en tu casa no es verdad. La verdad es que *quisieras* tener todos esos perros, pero sólo tienes una perra llamada Lana. Es una perra muy simpática y tú la quieres mucho".

Ayude a su hijo a aceptar la responsabilidad

Cuando le pida a su hijo que realice una tarea doméstica, como ordenar los juguetes en su habitación, él puede llegar a mentir para evadir el trabajo, diciéndole que ya lo hizo. Diga: "Me encanta que ya hayas hecho lo que te pedí. Voy a tu habitación para ver el gran trabajo que hiciste". Si su hijo dice: "Oh, no, mamá, todavía no", usted puede estar razonablemente segura de que está evadiendo su responsabilidad. ¡Vaya y mire! Si descubre que él mintió, diga: "Siento que hayas escogido mentir respecto a lo que te pedí. Sé que no quieres guardar todos estos juguetes y que no quieres decepcionarme, pero hacer lo que te pido y decir la verdad es importante. Ahora, vas a hacer el trabajo. Yo observaré que guardes todo".

Practique decir la verdad

Cuando su hijo le miente, le está haciendo saber que necesita practicar decir la verdad. Diga: "Siento que no me hayas dicho la verdad cuando te pregunté si habías apagado el televisor. Practiquemos decir la verdad. Quiero que me digas: 'Sí, mama, apagaré la televisión cuando se acabe este programa'. Ahora, ensayemos".

Juegue a la ficción con su hijo

Para ayudar a su hijo a entender la diferencia entre la verdad y la ficción, reserve un tiempo con él para crear cuentos. Después, contraste este tiempo de ficción con un tiempo de la verdad en el cual usted le pide que diga la verdad sobre lo que pasó. Cuando su hijo le diga algo que usted sabe que no es cierto, diga: "Es una interesante historia de ficción la que acabas de contarme. Ahora, cuéntame la verdad sobre lo que pasó".

☞ *Lo que no debe hacer*

Poner a prueba la honestidad de su hijo

Si sabe que su hijo ha hecho algo malo, hacerle una pregunta cuya respuesta usted ya sabe lo obliga a entrar en un dilema: decir la verdad y ser castigado, o mentir y tal vez salirse con la suya. No lo ponga ante esa alternativa.

Castigar

Cuando sorprenda a su hijo mintiendo para escapar de un problema, no lo castigue por hacer eso. En su lugar, enséñele cómo aceptar la responsabilidad por cometer un error y cómo solucionar el problema que causó. Por ejemplo, diga: "Siento que la pared tenga esas marcas. Ahora vamos a tener que aprender a cuidar las paredes. Vamos a traer el equipo de limpieza y comenzaremos a limpiar. Yo traeré el limpiador mientras tú traes toallas de papel. ¿Ves? Decirme la verdad nos permite resolver el problema".

Mentir

Evite las exageraciones y evite inventar historias para impresionar a la gente, no aceptar consecuencias, o no hacer lo que no quiere hacer.

Reaccionar exageradamente

Incluso si usted ha dicho cientos de veces que no puede soportar a un mentiroso, ponerse furiosa cuando su hijo miente sólo lo obliga a evitar decir la verdad para que usted no se enfurezca.

Etiquetar a su hijo como "mentiroso"

No haga del mentir una profecía que se cumple. Un niño que es llamado "mentiroso" puede creer que él es lo que hace. Pero su hijo no es lo que hace. Puede que usted no apruebe su conducta, pero siempre lo amará a él incondicionalmente.

Tomar las mentiras como algo personal

El pequeño Daniel no da una versión exagerada de esa mañana en la guardería sólo para hacer que usted enloquezca. Él puede creer que en realidad esa serpiente, la mascota de su salón, se salió de la jaula porque él temía que eso podría pasar. Escuche su historia y dígale: "Esa es una interesante historia, corazón. Estoy segura de que tener una serpiente perdida en el salón puede ser realmente aterrador. ¿Quieres que hable con Laura sobre cómo dejar segura a esa serpiente en su jaula?"

"¡No me mientas!"

Aunque Lorenzo acababa de cumplir cuatro años, sus padres ya le habían puesto la etiqueta de "mentiroso". Él llegaba del jardín infantil y le contaba a Julieta, su madre, los más fantásticos cuentos sobre cómo alguien irrumpió en su jardín y los tuvo a todos como rehenes; o que su profesora le había dicho que ya no volvería a trabajar allí; o que su amigo Adán había llevado a su poni al jardín. Cada día había algo nuevo, y Julieta había comenzado a temer que las fantasías de Lorenzo se salieran de control.

Bernardo, el papá de Lorenzo, también lo había escuchado contar cuentos. Recientemente, había confrontado a su hijo sobre un jugo regado en la cocina y la respuesta del niño lo había dejado estupefacto. Lorenzo trató de convencer a su papá con esta historia: alguien entró en la casa para robar cosas y debió derramar el jugo en el piso. "Pero, Lorenzo, es el mismo jugo de uvas que tienes en tu vaso en este instante. ¿Cómo explicas eso? ¡Y ahora no me mientas!" Como Lorenzo no dio una respuesta, fue puesto en tiempo fuera.

Julieta y Bernardo se dieron cuenta de que eso no le enseñaría a su hijo a decir la verdad, porque entre más lo ponían en tiempo fuera, más mentía. Incluso trató de mentir para salir del tiempo fuera.

La pareja amaba a su hijo y necesitaba ayudarle a entender que siempre lo amarían sin importar lo que pasara. También sabían que su hijo no tenía que mentir para impresionarlos o para escapar de los problemas, pero no estaban seguros de si él lo sabía. Cuando pensaron en cómo le debía parecer el mundo a un niño, una mezcla confusa de fantasía y realidad, entendieron que podrían ayudar a su hijo, enseñándole la diferencia entre verdad y ficción.

"Cuéntame sobre el jardín hoy", le pidió Julieta al día siguiente, cuando Lorenzo entró al auto después de pasar el día en el jardín infantil.

"Bueno, hoy estuvo realmente fenomenal, porque el equipo de fútbol que juega en el estadio vino a mostrarnos cómo jugar, pero José se lastimó y tuvieron que llevarlo al hospital en una ambulancia...", comenzó Lorenzo, pero su madre lo detuvo.

"¡Uf!", exclamó ella. "Eso debió ser tremendo. ¿Pero esto es lo que tú querías que ocurriera hoy en el jardín o esto realmente ocurrió?"

"Bueno...", contestó Lorenzo, "es lo que yo quisiera que hubiera ocurrido. Así el jardín podría haber sido más interesante".

"Amor, tu cuento estuvo muy interesante, pero realmente quiero saber la verdad. No tienes necesidad de inventar cosas sobre el jardín para que yo piense que tu día fue interesante. Puedes contarme sobre los juegos que tuviste, quién se sentó contigo a la hora del almuerzo, sobre qué habló la señorita Susana, y toda clase de cosas que yo quiero escuchar. Tengo una idea. Te gusta inventar cuentos, entonces tengamos un tiempo para que puedas inventarlos, y después tengamos un tiempo para la verdad, cuando me contarás lo que ocurrió realmente en tu día".

Lorenzo adquirió la costumbre de decir: "Tiempo para cuentos, mamá". Entonces, emprendía la narración de un cuento fantástico sobre su día en el colegio, y los dos se reían. Julieta estaba entusiasmada porque disfrutaba el tiempo de los cuentos.

"Ahora es tiempo de la verdad, Lorenzo", decía su mamá, y él relataba los eventos más rutinarios del día. Ella le decía a su hijo cuánto le gustaba también el tiempo de la verdad. Bernardo y Julieta cumplieron dos objetivos: le enseñaron a su hijo lecciones de honestidad, y le enseñaron lo importante que para ellos era decir la verdad.

El desorden

La gente pequeña ocasiona grandes desórdenes y, desafortunadamente, para los padres ordenados, los niños pequeños casi siempre son inconscientes de los desbarajustes que forman. Usted sabe que su hijo no es deliberadamente desordenado sino que simplemente no se da cuenta de la necesidad de limpiar por sí mismo; entonces, enséñele (entre más temprano mejor) que los desórdenes no desaparecen mágicamente; quienes causan el desorden deben limpiarlo (con ayuda). Comparta este hecho de la vida con su hijo, pero no espere perfección en el cumplimiento de esta regla. Más que exigir, aliente la pulcritud al elogiar los más pequeños intentos que hace su hijo al emprender el juego de la limpieza.

Prevenga el problema
Ordenando a medida que se desordena

Enseñe a su hijo a recoger sus juguetes inmediatamente después de jugar, para así ordenar el desbarajuste a medida que va de juego en juego. Ayude a su hijo a asumir la costumbre de recoger las cosas desde temprano en su vida, para así estimularlo a convertirse en un niño ordenado y, después, en un adulto más organizado.

Sea tan preciso como pueda

En lugar de pedirle a su hijo que simplemente ordene su habitación, dígale exactamente lo que espera que haga. Por ejemplo, diga: "Devuelve los marcadores a su estuche y los bloques a su caja". Sea tan clara como resulte posible para que su hijo pueda seguir las instrucciones.

Ofrezca elementos adecuados para la limpieza

No espere que su hijo sepa qué usar para limpiar sus desastres por sí mismo. Por ejemplo, provea el trapo adecuado para limpiar la mesa. Asegúrese de elogiar todos sus esfuerzos después de darle las herramientas indicadas.

Aísle en sitios seguros las actividades que dejan desorden

Evite catástrofes potenciales al establecer sitios apropiados para que su hijo juegue con materiales que causan desorden (pinturas, arcilla, marcadores, lápices de colores, etcétera). No espere que él sepa que no debe destruir la alfombra de la sala cuando usted deja sus pinturas allí.

Resuelva el problema

☞ *Qué hacer*

Use la regla de la abuela

Si su hijo se niega a limpiar el desorden que produjo, haga que su diversión dependa de cumplir el trabajo que usted le pidió. Por ejemplo, diga: "Sí, ya sé que no quieres guardar los bloques. Cuando los guardes, entonces podrás salir a jugar". Recuerde que los niños de un año en adelante pueden colaborar con la limpieza, ofreciendo pequeñas ayudas. Su hijo debe tratar de hacer lo mejor desde el nivel en que se encuentre, avanzando lentamente hacia tareas más difíciles.

Trabajen juntos

En ocasiones, los trabajos de limpieza son demasiado grandes para los músculos y las manos de un niño. Únase al trabajo para estimular la cooperación y la participación, dos lecciones que usted quiere enseñar a su preescolar. Ver a mamá y papá limpiar juntos hace más atractiva esa actividad.

Juegue a ganarle-al-reloj

Cuando su hijo trata de ganarle al reloj, levantar los juguetes es un juego divertido más que una tarea exigente. Únase a la diversión y diga: "Cuando termines de levantar los juguetes antes de que suene el reloj, puedes volver a sacar otro juguete". Cuando su hijo logre ganarle al reloj, elogie su trabajo y cumpla su promesa.

Elogie los esfuerzos por limpiar

Estimule a su hijo a limpiar y ordenar las cosas por sí mismo, acudiendo a un poderoso motivador: ¡el elogio! Haga comentarios sobre el gran trabajo que hizo al guardar los lápices; por ejemplo, diga: "Me alegra que hayas guardado ese lápiz rojo en el estuche. Gracias por ayudar a ordenar tu habitación".

☞ *Lo que no debe hacer*

Esperar perfección

Su hijo no tiene mucha práctica en la limpieza, así que no espere un trabajo perfecto. El hecho de que lo intente significa que está tratando de aprender a hacerlo. Él mejorará con el tiempo.

Castigar por causa del desorden

Su hijo no entiende todavía el valor de la pulcritud y tampoco tiene la madurez física para permanecer limpio; castigarlo por ser desordenado no le enseñará las habilidades para limpiar que él necesita aprender.

Esperar que los preescolares se vistan solos para jugar y ensuciarse

Su hijo no entiende el valor de la ropa bonita, así que usted debe darle ropa vieja (y ponérsela al revés, si usted quiere) antes de dejarlo jugar con materiales que causan desorden.

Desórdenes múltiples

Como padres, Julián y Mariela Gutiérrez estaban acostumbrados a todo menos a los desórdenes diarios de sus hijas gemelas, Amelia y Verónica. "Las buenas niñas guardan siempre sus juguetes", les decía la señora Gutiérrez, para convencerlas de no dejarlos en la sala después de usarlos. Cuando eso no funcionó, procedió a darles palmadas a sus hijas y a enviarlas a sus habitaciones, pero ese castigo no parecía tener efecto sino sobre ella misma, ya que las chicas incluso seguían produciendo desorden en sus habitaciones.

Finalmente, la señora Gutiérrez encontró una manera de resolver el problema, cuando se dio cuenta de cómo les gustaba a sus hijas salir a jugar en su nuevo columpio. Decidió convertir esa actividad en un privilegio que debían ganarse. Un día las chicas quisieron salir a jugar en vez de levantar los lápices y el juego de cocina que habían usado. Mariela dijo: "Hay una nueva regla, niñas. Sé que quieren salir a jugar, pero cuando Amelia recoja el juego de cocina y Verónica guarde los lápices, entonces podrán salir a jugar. Yo les ayudaré".

Las dos chicas se miraron mutuamente. No querían ordenar sus cosas, pero tenían muchos deseos de salir a jugar en el columpio. La señora Gutiérrez comenzó a ayudarles a guardar los lápices en su caja para asegurarse de que Verónica sabía lo que quería decir exactamente guardar los lápices en orden. También les ayudó a sostener la bolsa para que Amelia pudiera guardar los utensilios de cocina en el lugar indicado, sin que le quedaran dudas sobre lo que significaba guardar bien el juego de cocina.

Cuando las chicas ordenaron sus cosas, su madre les dijo lo feliz que se sentía por sus esfuerzos. "Gracias por ordenar sus cosas. Hicieron un gran trabajo al guardar los lápices en su caja y el juego de cocina en la bolsa". Abrazó a sus dos hijas con auténtico orgullo; pronto las chicas corrieron hacia la puerta y dejaron a mamá preparando el almuerzo y no ordenando el desorden que dejaban siempre.

Durante muchas semanas, fue necesario ofrecer recompensas a las chicas para que ordenaran sus juguetes y sus cosas, pero finalmente aprendieron que guardar un juguete antes de tomar otro convertía el proceso de ordenar en algo más rápido, y también traía grandes elogios de mamá.

Los insultos

El niño preescolar es un lingüista en potencia, que ejerce el poder de insultar para que el mundo sepa que es el jefe y que puede hablar así. Al insultar a la gente, su hijo está poniendo a prueba tanto la fuerza de las palabras como las reacciones que generan. Si usted reacciona con calma cuando él la insulta, le enseñará que insultar no cumple con los efectos deseados. Explíquele que también debe reaccionar con calma cuando lo insulten. Él comprenderá que el juego de insultar no tiene gracia cuando proviene de un solo jugador.

Prevenga el problema

Tenga cuidado con los apodos

Evite ponerle apodos a su hijo para que él tampoco lo haga con los demás. Hay mucha diferencia entre "pequeño demonio" y "pequeña muñeca".

Enseñe a su hijo a reaccionar con calma ante los insultos

Sugiera conductas adecuadas a su hijo para reaccionar a los insultos. Aliéntelo a evitar molestarse ante ellos. Diga: "Cuando tu amigo te llame de una manera que te molesta, dile tranquilamente que no puedes jugar con él cuando te trata de esa manera".

Establezca qué es un insulto y qué no

Asegúrese de educar bien a su hijo respecto a las palabras "ilegales", antes de esperar que él sepa bien lo que son.

Resuelva el problema

☞ *Qué hacer*

Ponga a su hijo en tiempo fuera

Por ejemplo, diga: "Si haces cosas inaceptables, pierdes el derecho a jugar. Siento mucho que hayas insultado a tu hermana. Tiempo fuera".

Gastar los insultos

Para algunos preescolares, repetir un insulto desgasta su poder. Haga que su hijo se siente y repita la palabra sin parar (durante un minuto por cada año de edad). Si él se rehúsa a hacerlo (esto sucede con muchos preescolares), simplemente déjelo en la silla hasta que comience, sin importar cuánto tiempo tome. Cuando lo haya hecho, enfóquese en enseñarle a decir palabras apropiadas.

Observe el buen hablar

Elogie a su hijo cuando usa un lenguaje apropiado en vez de malas palabras, para ayudarle a distinguir entre lo que es aceptable y lo que no lo es.

Sea consistente

Cada vez que su hijo insulte, adopte la misma respuesta para enseñarle que se trata de una conducta inaceptable. Diga: "Siento que hayas insultado a tu amigo. Ahora debes sufrir un tiempo fuera" o "Ahora tienes que sentarte a gastar ese insulto".

☞ *Lo que no debe hacer*

Usar apodos desagradables o insultos

Como el hecho de recibir insultos resulta tan irritante, es fácil replicar con las mismas palabras hirientes que usó su hijo. Decir cosas como: "¡Idiota! ¡Deberías hacer algo mejor que insultar a la gente!", le otorga a su preescolar el permiso para usar los mismos insultos que usted emplea. En lugar de hacer eso, canalice su enojo hacia una explicación sobre cómo y cuándo se molesta usted. Su hijo aprenderá cuándo sus palabras la entristecen y cómo quiere usted que él se comporte en situaciones propensas a insultar.

Aplicar castigos severos por insultar

Si usted castiga con mucha severidad a su hijo por insultar, él sólo aprenderá a reprimir los insultos cuando usted lo pueda oír. En vez de comprender que insultar no está bien, el aprenderá que necesita hacerlo sin ser atrapado. Castigar ese comportamiento no hará que desaparezca sino que se pierda de vista.

"¡Eso no está bien!"

Max y Silvia Glass quedaron impactados cuando escucharon por primera vez a su preciosa hija de cuatro años, Sara, insultar a sus amigos con términos como "idiota", "imbécil" y "caca de perro". Ellos nunca habían usado esas palabras en la casa, y no podían entender dónde las había aprendido Sara ni sabían qué hacer al respecto.

"¡No insultes a la gente, Sara! ¡Eso no está bien!", le decían cada vez que su hija empleaba palabras ofensivas, pero eso no tenía mucho efecto. En realidad, Sara comenzó pronto a usar insultos contra sus papás, hecho que los motivó a darle palmadas. Pero incluso eso tampoco detuvo el uso de insultos.

Finalmente, la señora Glass emprendió una estrategia diferente. Comenzó a vigilar más de cerca los juegos de su hija, para así observar cuándo Sara jugaba bien con otros y cuándo no. "¡Qué bien se llevan ustedes dos, chicas!", recalcó la señora Glass cuando Sara y su prima, María, vistieron a sus muñecas. Pero cuando María trató de llevar de paseo a la muñeca de Sara en el automóvil azul, Sara gritó: "¡Eres una tonta, María! Tú sabes que ese es mi auto".

Inmediatamente, la señora Glass separó a las niñas. "Siento que hayas llamado tonta a tu prima. ¡Tiempo fuera!", le dijo a Sara. Después de pasar unos minutos en la silla del tiempo fuera, Sara comprendió que su mamá hablaba en serio. La diversión sería suspendida y Sara iría a tiempo fuera si volvía a insultar a alguien. La niña empezó a comprender que insultar era hiriente, y esa conducta comenzó a desaparecer.

Desobedecer las instrucciones

A los preescolares les gusta probar si las advertencias de sus padres son obligatorias, qué tan lejos se pueden "estirar" las reglas y qué tan precisamente se deben seguir las instrucciones. Ofrezca a su hijo resultados consistentes para estas investigaciones en el mundo adulto. Pruébele que usted cumple lo que dice, para que él se sienta más seguro sobre lo que puede esperar de otros adultos. Su manera de establecer y reforzar reglas le puede parecer dictatorial a su hijo, pero a pesar de sus protestas, se sentirá más seguro al saber que mientras deja de ser un niño pequeño y se convierte en un adulto, los límites están establecidos y las reglas están definidas.

Prevenga el problema

Comprenda cuántas instrucciones puede seguir su hijo al mismo tiempo

Su preescolar sólo es capaz de recibir un número limitado de instrucciones, dependiendo de su etapa de desarrollo. Para establecer la capacidad de su hijo, primero dé una instrucción, después dos, luego tres. Por ejemplo, al darle tres instrucciones, diga: "Por favor recoge el libro, colócalo sobre la mesa y luego ven a sentarte". Si él sigue las tres instrucciones en su orden, usted sabrá que su hijo puede recordarlas. Identifique los límites de esa capacidad y espere hasta que sea más grande para darle instrucciones más complicadas.

Permita que su hijo realice por sí mismo tantas actividades como pueda

Su hijo preescolar peleará por tener la oportunidad de elegir, puesto que quiere seguir el ritmo de sus propios tambores y tener control total sobre su vida. Siempre que sea posible, concédale la oportunidad de desarrollar su capacidad para tomar decisiones e incrementar su confianza en sí mismo. Entre mayor control sienta que posee, menos se inclinará a rechazar las instrucciones de otra persona.

Evite las reglas innecesarias

Analice bien la importancia de una regla antes de grabarla en piedra. Su preescolar necesita tanta libertad como sea posible para desarrollar su independencia.

Resuelva el problema

☞ *Qué hacer*

Ofrezca instrucciones simples y claras

Para facilitarle seguir las instrucciones, sea tan específico como resulte posible respecto a qué quiere que haga su hijo. Haga sugerencias pero evite criticar lo que él hace. Por ejemplo, diga: "Por favor, ahora levanta tus juguetes y colócalos en la caja", en vez de: "¿Por qué nunca recuerdas levantar tus cosas y guardarlas donde les corresponde?"

Elogie por seguir las instrucciones

Premie a su hijo por seguir las instrucciones al elogiar su trabajo cuando está bien hecho. También puede mostrarle cómo apreciar los esfuerzos de alguien, al decir: "Gracias por hacer lo que te pedí".

Acuda a la cuenta regresiva

Establezca la regla de contar hacia atrás, por ejemplo, desde cinco, cuando su hijo tenga que hacer un trabajo, para reconfortarlo con la idea de divertirse haciendo algo que usted quiere. Diga: "Por favor, ahora levanta tus juguetes. Cinco-cuatro-tres-dos-uno". Agradézcale por haber comenzado a ordenar tan rápido, si es que lo hizo.

Elogie los progresos de su hijo

Sea entusiasta cuando su hijo dé los primeros pasos para completar una tarea. Por ejemplo, diga: "Es fabuloso que estés levantando tus juguetes y guardándolos en su lugar".

Acuda a la regla de la abuela

Los niños se inclinan más a seguir las instrucciones cuando saben que pueden hacer lo que quieren una vez terminen una tarea. Por ejemplo, diga: "Cuando termines de levantar los libros, podrás encender la televisión" o "Cuando te laves las manos, podremos almorzar".

Practique seguir las instrucciones

Si su hijo no está siguiendo las instrucciones, establezca si es que él no puede o no quiere hacerlo, acompañándolo en el cumplimiento de la tarea. Oriéntelo manualmente y elogie sus progresos a lo largo del camino. Si descubre que él puede hacer la tarea pero simplemente se niega, diga: "Siento que no quieras seguir las instrucciones. Ahora tendremos que practicar". Practique con él cinco veces y luego concédale la oportunidad de seguir las instrucciones por cuenta propia. Si todavía se niega, diga: "Parece que necesitamos más práctica. Cuando termines de practicar, entonces podrás jugar".

☞ *Lo que no debe hacer*
Echarse para atrás si su hijo se resiste

Dígase a usted mismo: "Sé que mi hijo no quiere obedecerme, pero yo tengo más experiencia y sé lo que es mejor para él. Necesito enseñarle a través de instrucciones claras para que finalmente pueda hacer las cosas por sí mismo".

Castigar a su hijo por no seguir instrucciones

Al enseñarle a su hijo cómo hacer algo, en lugar de castigarlo por no hacerlo, evita dañar su autoestima y también evita dejar de dedicarle atención a sus dificultades para seguir instrucciones.

"¡Haz lo que te dije!"

Eric Fonnegra, un niño de cuatro años y medio, se aprendió el alfabeto y los números, e incluso comenzó a deletrear algunas palabras de sus libros favoritos. Lo único que no aprendió a hacer era lo único que su mamá esperaba que aprendiera: seguir sus instrucciones.

A diario, la mamá de Eric le daba instrucciones simples como: "Eric, por favor levanta tus juguetes y colócalos en la cesta" o "Ven a sentarte al sofá para ponerte los zapatos". Eric avanzaba hasta la mitad de la primera tarea, pero perdía el rumbo de lo que se suponía que debía estar haciendo y se entretenía investigando el funcionamiento de un juguete o mirando lo que estaba haciendo su hermano.

"¿Cuántas veces tengo que decirte que hagas algo?", gritaba frustrada su mamá. "¡Nunca me escuchas! ¡Nunca entiendes lo que te digo!", continuaba, dándole una rápida palmada por no obedecerle.

Esto continuó hasta el día en que Eric replicó: "¡No puedo hacer lo que quieres!" Su madre escuchó realmente lo que él dijo y lo tomó en serio. Decidió tratar de limitar sus instrucciones a una sola orden, para ver si Eric podía hacerlo.

"Eric, por favor tráeme tus zapatos", le pidió. Eric se dirigió inmediatamente hacia sus zapatos y se los llevó a su mamá, que aplaudió con deleite. "¡Muchas gracias por hacer lo que te pedí!" Un rato más tarde, le pidió a Eric que se pusiera el saco. Cuando Eric lo hizo, ella continuó elogiando sus esfuerzos. Ella estaba feliz

porque podía dejar de gritar y pelear con su hijo. Comprendió que escuchar y entender los sentimientos de Eric era crucial para llevarse bien. Incrementó progresivamente el número de instrucciones que le daba a su hijo, esperando hasta que fuera capaz de seguir dos instrucciones al mismo tiempo antes de darle tres. Su lenguaje claro y el uso de la regla de la abuela le ayudaron a ganar la batalla contra el hecho de no seguir instrucciones.

No compartir

Mío es la contraseña que usan los preescolares para recordar a los demás niños (y a los adultos) que tienen derechos territoriales. A pesar de las guerras que provocan estas tres letras en los hogares con niños menores de cinco años, la posesividad desafortunadamente no desaparecerá hasta que los niños estén listos, desde el punto de vista de su desarrollo, para superarla (entre los tres y los seis años). Ayude a abonar el terreno de la paz al enseñarle consistentemente a su preescolar las reglas del "toma y dame" del mundo. Refuerce las reglas de compartir en la casa, pero sea paciente. No espere que siga rigurosamente las instrucciones hasta que lo vea compartir sin que usted intervenga; el signo glorioso de que está listo para ensanchar sus horizontes.

Prevenga el problema

Asegúrese de que algunos juguetes le pertenezcan estrictamente a su hijo

Antes de que los preescolares abandonen la palabra *mío* y todo lo que se encuentra ligado a ella, necesitan la oportunidad de poseer cosas. Guarde las mantas y los juguetes favoritos de su hijo cuando tenga visitas en la casa; así no se verá obligado a compartirlos.

Subraye la manera como comparten usted y sus amigos

Muestre a su hijo que él no es el único en el mundo de quien se espera que comparta. Dé ejemplos en tiempos neutrales (en lo que no deba compartir) de cómo usted y sus amigos comparten cosas. Diga: "Hoy le presté mi libro de cocina a María" o "Le presté mi cortadora de césped a Carlos".

Resalte lo que significa compartir y cuánto le gusta hacerlo

Diga a su hijo lo bueno que es que compartir cuando le muestra sus juguetes a otra persona o cuando le permite jugar con ellos. Por ejemplo, diga: "Me encanta la manera en que compartes al dejar que tu amigo se divierta con tu juguete por un minuto".

Ponga etiquetas o marque los juguetes parecidos (en los casos de gemelos o niños con edades semejantes)

Asegúrese de no confundir el oso de peluche de su hijo con el de su hermana o hermano. Marque cada uno con una cinta que tenga su nombre o con un bordado, así su hijo se sentirá seguro de su propiedad.

Establezca reglas para compartir

Antes de que los amigos vengan a jugar, explique a su hijo lo que se espera de él cuando está en un grupo donde se comparte. Por ejemplo, diga: "Cuando dejas un juguete en el piso, cualquiera puede jugar con él. Si lo tienes en las manos, puedes conservarlo".

Entienda que su hijo puede compartir mejor en la casa de su amigo

Su hijo puede ser menos agresivo sobre la propiedad cuando no está defendiendo su propio territorio.

Recuerde que compartir es una tarea que requiere desarrollo

Aprender a compartir es un logro que no puede ser apresurado. Generalmente, sólo hasta los tres o cuatro años su hijo podrá comenzar a compartir cosas sin que se le pida.

Resuelva el problema

☞ *Qué hacer*

Vigile los juegos de los niños de uno y dos años

Puesto que no se espera que los niños menores de tres años puedan compartir, permanezca cerca cuando jueguen para ayudar a resolver conflictos sobre compartir, dado que ellos están muy pequeños para manejarlos.

Programe el reloj

Cuando dos niños llamen a un juguete "mío", demuéstreles cómo funciona el "toma y dame" del compartir. Diga a uno de los niños que usted va a programar el reloj y cuando suene el timbre, el otro niño podrá tener el juguete. Siga usando el reloj hasta que los niños se cansen de ese juguete.

Ponga los juguetes en tiempo fuera

Si un juguete está creando problemas porque un niño no quiere compartir, ponga el juguete en tiempo fuera para sacarlo de la situación. Si el juguete está fuera de alcance, no podrá causar problemas. Diga: "Este juguete está causando problemas. Debe irse a tiempo fuera". Pero si los niños siguen peleando por el juguete cuando ha sido retirado, consérvelo fuera para enfatizar el siguiente punto: no compartir un juguete significa que nadie puede jugar con él.

☞ *Lo que no debe hacer*

Enojarse

Recuerde que su hijo aprenderá las reglas del compartir cuando se encuentre en una etapa de desarrollo que se lo permita y no cuando usted lo obligue a hacerlo. Cuando observe que su hijo comparte espontáneamente, ¡sabrá que está listo!

Castigar por momentos ocasionales en los que no se comparte

Si ocasionalmente su hijo tiene problemas para compartir, retire el juguete en lugar de castigar a su niño. Eso sitúa la culpa en el juguete y no en el niño.

Aprender a compartir

Tomás Rodríguez, de tres años, sabía lo que significaba la palabra compartir; significaba que él no podía sentarse y sostener cuantos juguetes quisiera cuando su amigo Jaime venía a jugar. "¡Tienes que compartir!", le decía su madre, luego de otro día en que Tomás agarraba con fuerza sus juguetes y decía "Mío" cada vez que su madre, a su vez, le decía "Tomás, vamos a compartir".

Un día, la señora Rodríguez gritó: "Voy a darles todos tus juguetes a los niños pobres; ellos los apreciarán", mientras le daba palmadas a Tomás para que, en medio de un mar de lágrimas, renunciara a sus juguetes. Esa noche, después de que Tomás estuvo en la cama, la señora Rodríguez le dijo a su marido: "Tomás no sabe cómo compartir". Esta simple afirmación arrojó nuevas luces sobre el problema. Los Rodríguez se dieron cuenta de que debían enseñarle a Tomás lo que significaba compartir.

Para la siguiente ocasión, cuando vendrían sus primos, la señora Rodríguez condujo a Tomás a su lado para hablar con él. "Tomás, hay una nueva regla para compartir. Cualquiera puede jugar con cualquier cosa en esta casa, mientras otra persona no la esté usando. Si tú, Miguel o María tienen un juguete, nadie se los puede quitar. Cada uno de ustedes podrá jugar con un solo juguete al tiempo". La señora Rodríguez también le dijo a Tomás que podía guardar un juguete favorito, que le pertenecía a él y sólo a él.

Las siguientes horas fueron tensas para la señora Rodríguez, pero Tomás parecía más relajado. Comenzó por reservarse un solo juguete y dejar que sus primos eligieran entre todos los de la caja. "Estoy muy orgullosa de ti por compartir", lo elogió su vigilante madre cuando supervisaba el proceso de juego.

Cuando se aventuró a preparar el almuerzo, el grito familiar "mío" le llegó desde el cuarto de juegos. María y Tomás halaban cada uno una pierna de la nueva muñeca que "eructaba sola". "Este juguete está causando problemas", exclamó la señora Rodríguez con firmeza. "Tiene que irse a tiempo fuera". Los niños se miraron entre sí, incrédulos al ver que a la pobre Betsy la sentaban en la silla del tiempo fuera, tan sola como un perro desobediente. Dos minutos después, la señora Rodríguez devolvió la muñeca a los niños, quienes ya habían olvidado el asunto y estaban ocupados jugando con bloques.

A medida que pasaron las semanas, los niños jugaron lado a lado, cada vez con menos tiempos fuera necesarios para restablecer la paz, especialmente desde que Tomás fue más abierto al permitir que "sus" juguetes fueran "de ellos" durante las visitas.

No querer comer

Con frecuencia, los padres presionan a sus preescolares para que coman, pues muchos niños menores de seis años están demasiado ocupados en la investigación de su mundo como para dedicar tiempo a la comida. Si la tentación por forzar a su hijo a comer parece abrumadora, intente concederle más atención cuando come (¡aunque sea una arveja!) en vez de hacerlo cuando no se alimenta.

Nota: Los preescolares son especialmente famosos por atravesar periodos en los que no quieren comer; no confunda esto con una enfermedad. De todos modos, si percibe que su hijo está físicamente enfermo, consulte con un médico.

Prevenga el problema

Evite saltarse las comidas

Si usted suprime sus propias comidas le da a su hijo la idea de que no comer está bien para él, puesto que está bien para usted.

Evite resaltar una gran barriga o idolatrar unos huesos flacos

Hasta un niño de tres años puede volverse irracionalmente consciente del peso si usted le muestra cómo ser obsesivo respecto a su cuerpo.

Aprenda cuál es la cantidad apropiada de comida para su hijo de acuerdo con su edad y peso

La tasa de crecimiento, el nivel de actividad y la talla determinan cuántas porciones de los cinco grupos de alimentos (lácteos, carnes, verduras, granos y frutas) necesita un niño cada día. Consulte con la nutricionista las preguntas que tenga sobre la nutrición específica para su hijo. Para más información sobre orientaciones generales para la nutrición de niños entre uno a cinco años, consulte el sitio web del National Dairy Council, en www.nutritionexplorations.org (en inglés).

Resuelva el problema

☞ *Qué hacer*

Estimule el consumo de menos comida, más veces

Haga que el sistema de su hijo se habitúe a comer en momentos específicos del día. No obstante, el estómago de él no es tan grande como el suyo, así que no puede almacenar suficientes alimentos durante cuatro horas o más entre las comidas. Deje que su hijo coma con la frecuencia que quiera, pero sólo los alimentos adecuados para la buena nutrición. Por ejemplo, diga: "Cada vez que tengas hambre, me avisas y te daré apio con mantequilla de maní o manzana con queso". Asegúrese de continuar con sus sugerencias, basándose en los alimentos disponibles y los momentos previos a las grandes comidas.

Deje que su hijo elija los alimentos

Ocasionalmente, permita a su hijo elegir entre un refrigerio o comida (con su supervisión). Si él siente que posee algún control sobre lo que está comiendo, estará más entusiasmado respecto a la comida. Ofrézcale sólo dos opciones al mismo tiempo, así no se sentirá abrumado con la toma de la decisión; y elogie su elección con comentarios como "Me alegra que hayas elegido esa naranja. Realmente es un delicioso refrigerio".

Ofrezca variedad y equilibrio

Los niños necesitan aprender sobre la dieta adecuada, que implica una gran variedad de alimentos. Revele a su hijo los muchos sabores, texturas, colores y aromas de las comidas nutritivas. Recuerde que los gustos de los preescolares cambian de la noche a la mañana, así que no se sorprenda cuando su hijo rechace hoy lo que era su alimento favorito la semana pasada.

Deje que la naturaleza siga su curso

Un niño normal y saludable seleccionará en forma natural una dieta balanceada durante semanas, hecho que los pediatras consideran que satisface su nutrición en forma adecuada. Tome nota de lo que estuvo consumiendo su hijo de lunes a domingo —no del amanecer hasta el anochecer— antes de alarmarse por su desnutrición.

Elogie a su hijo cuando come bien

Aliente a su hijo cuando ingiera una cucharada de comida nutritiva, para mostrarle que comer le traerá tanta atención como no hacerlo. Elogie los buenos hábitos alimenticios, diciendo: "Es magnífica la forma como te comes el pan tú solo" o "Me alegra que te gusten los rollos que preparamos hoy".

Establezca comidas regulares

Puesto que su hijo no está en el mismo horario alimenticio que usted, con frecuencia querrá jugar fuera o terminar de jugar con los bloques cuando llegue la hora de la cena. Deberá ser entrenado para pasar a su horario y sentarse a comer en familia. Pero no haga esto forzando a su hijo a comer en grandes cantidades, sino programando el reloj por el tiempo en que él debe permanecer sentado a la mesa, comiendo o no. "El reloj nos avisará cuando termine la cena. La regla es que tú debes permanecer sentado a la mesa hasta que suene el timbre. Avísame cuando termines de comer y yo retiraré tu plato". Conserve a sus hijos menores de tres años durante menos tiempo en la mesa (no más de cinco minutos), en menor proporción que a los de cuatro a cinco años (no más de diez minutos). Identifique los momentos en que su hijo parece tener hambre, para saber qué clase de reloj alimenticio posee (al que usted puede ajustarse, si es posible).

☞ *Lo que no debe hacer*

Ofrecer recompensas de comida por comer

Conserve la comida en su perspectiva adecuada. La comida está hecha para proveer nutrición, no para simbolizar alabanzas. En lugar de ofrecerle helado a su hijo por haberse comido las verduras, diga: "Puesto que te comiste todas las verduras, puedes ir a jugar después de la cena".

Sobornar o rogar

Cuando su hijo no quiera comer, no lo soborne ni le ruegue para que se coma lo que está servido. Esto convierte el no comer en un juego para llamar su atención y le confiere a su hijo la sensación de tener poder sobre usted.

Enojarse cuando su hijo no coma

Conceder atención por no comer, hace del no-comer algo más interesante para su hijo que el comer.

Reaccionar exageradamente

Reste importancia al hecho de que su hijo no quiera comer; así, la hora de la cena no se convertirá en un campo de guerra donde usted libra una batalla de poder.

"¡No voy a comer!"

Cuando Juan Ramírez cumplió cuatro años, su apetito cayó a cero. Sus padres no sabían por qué, y tampoco su pediatra, quien lo revisó físicamente a instancias de la inquieta mamá. Una noche, después de que la señora Ramírez le rogó que comiera aunque fuera un fríjol, Juan emprendió una vehemente rabieta, lanzó su plato al suelo y gritó: "¡No! ¡No voy a comer!"

El señor Ramírez decidió que había dejado la situación en manos de su esposa durante mucho tiempo. "¡Ahora, Juanito, me vas a escuchar! Si no te comes un pedazo de macarrón, tendrás que dejar la mesa", amenazó, dejando saber firmemente a su hijo la regla del momento. Nunca supuso que Juanito aceptaría la oferta y dejaría la mesa. "Juanito Ramírez, ¡no te retirarás de esta mesa! ¡Te sentarás y comerás tu cena aunque tengas que permanecer sentado aquí toda la noche!", gritó la señora Ramírez, cambiando las reglas y confundiendo completamente a su hijo.

Esa noche, más tarde, luego de besar, abrazar y acostar a su hijo, los Ramírez decidieron que tenían que hacer algo diferente; no querían dar palmadas ni gritar a su pequeño hijo por no comer. Querían que la hora de la cena volviera a ser como antes: un tiempo para comer, contarse historias divertidas, cantar y relatar las cosas del día.

La noche siguiente, a la hora de la cena, ellos no dirigieron su atención a la comida y fingieron no tener en cuenta la falta de apetito de Juan. "Cuéntame cómo fue tu día de ayudante en el jardín", comenzó la mamá de Juan (con toda la sinceridad y calma que pudo reunir) cuando le pasó el brócoli a su esposo. Juan se animó al contarles la historia de cuando fue elegido para llevar la bandera. En medio de sus animadas explicaciones, sucedió que se llevó a la boca el tenedor con un bocado de puré de papas.

"Fue muy interesante que ayudaras así con la bandera hoy", lo elogió su madre. "También me alegra que te haya gustado el puré de papas", añadió. La familia continuó cenando y los padres refrenaron su impulso de presionar a su hijo para que comiera más puré.

A la mañana siguiente, los padres de Juan hablaron sobre el suceso de la noche anterior y decidieron continuar con lo que venían haciendo. También recordaron lo que dijo el doctor de Juan: "A juzgar por su cuerpo delgado pero normal, él puede comer sólo pequeñas cantidades, y puede hacerlo más de tres veces al día, como mucha gente".

El tiempo de la cena se convirtió en una preocupación menos para la señora Ramírez. Comenzó por diseñar divertidos botes con pedazos de zanahoria, y rostros con queso y pasas para que su hija comiera durante el día. El niño desarrolló un nuevo interés por comer durante el día, aunque todavía sólo comía unos pocos bocados en la cena. Los Ramírez agradecían esos minutos que Juan quería pasar comiendo, y dejaron a su hijo decidir cuando tenía hambre y cuando no.

Comer demasiado

El apetito de muchos preescolares puede ser tan insaciable como el del famoso monstruo comegalletas de Plaza Sésamo. Como el héroe de las marionetas, su hijo puede no ser consciente de por qué quiere más comida de la que necesita, pero *usted* necesita entender su motivación para hacer retornar sus hábitos alimenticios al camino correcto. Puesto que el consumo exagerado de comida es el síntoma de un problema y no el problema en sí mismo, intente descubrir las razones detrás de la semejanza de su hijo con un pozo sin fondo. Explicaciones posibles pueden tener que ver con la costumbre, el aburrimiento, la imitación o el deseo de atención. Ayúdele a encontrar maneras de satisfacer sus necesidades y deseos sin acudir al exceso de alimentación.

Nota: Acuda a la ayuda profesional si su hijo es un constante devorador de comida en exceso. Evite las dietas que no estén médicamente supervisadas.

Prevenga el problema
Inculque una actitud saludable hacia la comida

Su relación con la comida es contagiosa. Por ejemplo, cuando usted se queja de las dietas o por estar muy gorda, su hijo aprende que la comida tiene un poder más allá de volverlo saludable. La comida se convierte en el enemigo del que hay que defenderse, que busca hacerle perder el control y comerse una torta de chocolate. Puesto que la moderación es la clave de la salud, modere sus palabras al igual que su conducta. Los desórdenes alimenticios de los niños pequeños han prevalecido debido, en parte, a nuestra cultura obsesionada con las dietas.

Documéntese bien sobre lo que resulta apropiado para su hijo

La tasa de crecimiento, el nivel de actividad y la talla determinan cuántas porciones diarias de los cinco grupos de alimentos (lácteos, carne, vegetales, granos y frutas) necesita su hijo. Consulte con la nutricionista las preguntas que tenga sobre la nutrición específica para su hijo. Para más información sobre orientaciones generales para la nutrición de niños entre uno a cinco años, consulte el sitio web del National Dairy Council, en www.nutritionexplorations.org (en inglés).

Sirva comidas saludables

Mantenga tanto los alimentos con altas calorías como los de calorías vacías lejos del alcance de su devorador hijo; así no se verá tentado a comerlos.

Revise la dieta de su hijo

Puesto que su preescolar es demasiado pequeño para saber lo que debe y no debe comer, es su decisión establecer hábitos saludables de alimentación, entre más temprano mejor. Comidas con altos contenidos de grasas y azúcar deben reemplazarse por las que poseen altos contenidos de proteínas, vitaminas y minerales, para ofrecer un equilibrio de nutritivas calorías para el día.

Enseñe cuándo, cómo y dónde es permitido comer

Restrinja el comer a la cocina y al comedor exclusivamente. Reduzca la velocidad en el proceso de la ingestión e insista en que la comida debe servirse en un plato en vez de consumirla directamente desde el refrigerador. Tomar más tiempo entre cada bocado le permite a nuestros cerebros captar el mensaje de estar satisfechos *antes* de seguir comiendo más de lo necesario (este proceso toma alrededor de veinte minutos).

Resuelva el problema

☞ *Qué hacer*

Ofrezca actividades placenteras distintas a comer

Investigue qué le gusta hacer a su hijo además de comer, y sugiera emprender esas actividades después de haber saciado su hambre. Muéstrele lo deliciosas que pueden ser otras actividades distintas de comer.

Conserve la comida en su perspectiva justa

No ofrezca comida como regalo o recompensa, para no enseñarle a su hijo que comer significa algo más que satisfacer el apetito.

Ofrezca refrigerios nutritivos entre las comidas

Un buen refrigerio en el momento adecuado evita que su hijo se ponga demasiado hambriento y se atiborre cuando llegue el momento de la cena.

Vigile que su hijo no coma demasiado

Trate de descubrir por qué su hijo come demasiado observando si se dirige hacia la comida cuando está aburrido, enojado, triste, cuando ve comer a otros o cuando quiere atención de su parte. Ayúdele a resolver sus estados de ánimo por vías distintas a la comida, como hablar o jugar. Comuníquese con él, para hablar sobre los problemas y aprietos de su vida, y para que no se vea tentado a hacer de la comida una fórmula para resolver dificultades.

Controle sus propios hábitos alimenticios

Si los padres consumen todo el día refrigerios de comida chatarra, sus hijos se inclinarán a hacer lo mismo.

Elogie las elecciones sabias de comida

Usted puede moldear las preferencias de comida de su hijo mediante el tono de voz y con voces de aliento que estimulen el consumo de la comida saludable que usted quiere favorecer. Cada vez que su hijo elija una naranja en lugar de una barra de chocolate, diga: "Es una gran elección la que has hecho para tu refrigerio. Me agrada que te cuides tan bien, y que te des gustos tan deliciosos como comer una naranja".

Aliente la práctica del ejercicio

Los niños con sobrepeso frecuentemente no comen mucho más que los niños con un peso más equilibrado, lo que ocurre es que no queman suficientes calorías con ejercicios. Si usted vive en un clima frío, sugiera actividades físicas para jugar adentro durante el invierno, como danza o saltar a la cuerda. En verano, actividades como nadar, caminar, y el béisbol no sólo son buenas para el desarrollo físico de su hijo, también liberan tensiones, y suministran aire fresco, coordinación y resistencia. Su participación puede hacer del ejercicio incluso algo más divertido para su niño.

Comuníquese con su hijo

Asegúrese de que el aliento que le da a su hijo para que se coma las arvejas no es el único que le ha dado en su vida. Elogie sus trabajos de arte, sus elecciones de ropa, la manera como ordena sus juguetes, etcétera. Para él, esto significa que usted le concede atención por cosas distintas a comer y a comer en exceso.

☞ *Lo que no debe hacer*

Rendirse ante el deseo de su hijo de comer demasiado

El hecho de que su hijo quiera más comida no significa que necesite comer más, pero no lo culpe por querer más, burlándose de él o llamándolo "cerdito", por ejemplo. Para enterarse de cuál es el tamaño de las porciones saludables, consulte la página web del National Dairy Council, en www.nutritionexplorations.org (en inglés) o pida a su médico un plan de nutrición. Después de asegurarse de que su hijo comió lo suficiente, explíquele brevemente por qué no debe comer más, puesto que él está muy pequeño para entender la razón por su cuenta.

Ofrecer golosinas cuando su hijo esté enojado

Si usted constantemente ofrece golosinas para mitigar las penas, su hijo puede comenzar a asociar la comida con lo emocional más que con la nutrición física.

Permitir de manera consistente la comida cuando están viendo televisión

Evite enseñar a su hijo a asociar la comida con la televisión. Como los avisos de televisión bombardean a su hijo con mensajes para alentar el consumo de comida, también es buena idea limitar su tiempo de televisión.

Ofrecer refrigerios de comida chatarra

Lo que usted ofrece en los refrigerios y las comidas es lo que su hijo se acostumbrará a esperar. Las preferencias de comida se aprenden, no son innatas.

Burlarse de su hijo si presenta sobrepeso

Burlarse de su hijo sólo empeora el problema al hacer más grande su culpa y vergüenza.

"¡No más galletas!"

Rosa Fontana, una niña de dos años y medio, estaba adquiriendo la reputación, en el jardín infantil y en las recepciones familiares, de ser un "pozo sin fondo ambulante". Si había comida a la vista, Rosa la devoraba. Nunca parecía estar satisfecha.

"¡No, Rosa, no puedes comerte otra galleta!", le gritaba la señora Fontana cada vez que la atrapaba con el tarro de galletas en sus manos. "¡Ya has comido suficientes galletas como para el resto de tu vida!" Pero ni los arranques de enojo ni las amenazas de prohibirle usar su triciclo redujeron el deseo de Rosa por consumir hasta el último pedazo de lo que hubiera en una caja o en un plato.

La señora Fontana decidió consultar al pediatra para saber cómo cambiar los hábitos alimenticios de Rosa. El doctor le entregó un plan de nutrición y recetas pensadas específicamente para la niña. Al día siguiente, Rosa pidió otra ración de avena después de consumir la cantidad sugerida, pero la señora Fontana finalmente tuvo una respuesta que no era resultado del enojo o un insulto: "Me alegra que te guste la avena, Rosa. Podemos comer más mañana por la mañana. Ahora vamos a leer el nuevo libro".

Saber que la cantidad que le dio a Rosa era nutricionalmente adecuada, le hizo más fácil a la señora Fontana permanecer firme cuando la niña pidió más avena. También fue más fácil para la señora Fontana planear cada comida, porque sabía qué cantidades eran suficientes para nutrir a su hija.

Los Fontana también redujeron su constante provisión de galletas, y Rosa pudo comenzar a ensayar nuevos alimentos deliciosos y más nutritivos. La señora Fontana elogiaba a Rosa cada vez que elegía un alimento saludable. "Es magnífico que hayas elegido una naranja en lugar de galletas para el refrigerio".

Rosa comenzó a escuchar menos comentarios sobre ser un pozo sin fondo, y recibió muchos abrazos y felicitaciones por comer frutas *en lugar de dulces. No sólo sus padres estaban encantados por compartir el ejercicio y la diversión con ella, sino que Rosa parecía divertirse más con sus amigos y profesores.*

Uso y abuso del *no*

El *no* se clasifica como la palabra que tiende a ser más usada por los niños pequeños porque es la palabra que tienden a usar más los padres. Los niños pequeños son famosos por agarrar las cosas, subirse sobre ellas y meterse debajo de ellas, y los padres son famosos por decir: "¡No! ¡No toques!" "¡No! ¡No abras!" "¡No! ¡No hagas eso!" La mejor manera de reducir la frecuencia en el uso del *no* para su niño pequeño es limitar sus oportunidades. Logre esto al evitar las preguntas de sí-no, y al no tomarlo siempre literalmente cuando dice que no a cada petición.

Prevenga el problema
Conozca la personalidad de su hijo

Si usted está familiarizado con las necesidades y deseos de su hijo, usted sabrá cuándo su *no* significa no y cuándo realmente significa sí o algo más.

Piense antes de decir *no*

Evite decirle que *no* a su hijo cuando realmente no le importe mucho si él hace algo o no.

Limite las preguntas de *sí-no*

Evite preguntas a las que su hijo pueda responder con un *no*. Por ejemplo, pregúntele *cuánto* jugo quiere, no si quiere un poco de jugo.

Si quiere que él entre en el auto, no diga "¿Quieres entrar en el auto?" Diga: "Ahora estamos entrando en el auto", ¡y hágalo!

Transforme su *no* en otra cosa

Por ejemplo, diga: "Detente", en lugar de "no", cuando su hijo esté haciendo algo que usted no quiere que haga.

Reoriente la conducta de su hijo

Puesto que usualmente usted quiere que su hijo suprima una conducta cuando le dice *no*, enséñele otro comportamiento para reemplazar el que usted quería suprimir. Durante el tiempo neutral, tome la mano de su hijo y diga: "Ven aquí, por favor". Practique cinco veces al día, incrementando lentamente la distancia respecto a su hijo cuando usted diga "Ven aquí, por favor", hasta que él venga hacia usted desde el otro extremo de la habitación o bien a lo largo del centro comercial.

Resuelva el problema

☞ *Qué hacer*

Evite tener en cuenta los *no* de su hijo

Si no está seguro de lo que realmente quiere decir un *no* de él, suponga que realmente quiere decir *sí*. Por ejemplo, si él realmente no quiere jugo, no se lo va a tomar. Finalmente, usted sabrá cuándo él niño realmente quiere decir *no*.

Esté más atento a los *sí* que a los *no*

Su hijo aprenderá cómo decir *sí* si usted sonríe y lo elogia cuando él dice *sí* con palabras o con la cabeza. Reaccione positivamente al decir algo como "Qué amable de tu parte decir *sí*" o "Me alegra mucho que dijeras *sí* cuando tu tía te hizo esa pregunta".

Enseñe a su hijo cómo decir *sí*

Los niños de más de tres años pueden aprender a decir *sí* si se les enseña cómo hacerlo. Cuando él lo haga, elogie esa conducta con palabras como: "Es magnífico escucharte decir *sí*" o "Me encantó la forma como dijiste *sí*". Luego diga: "Voy a pedirte que hagas algo por mí y quiero que me digas que *sí* antes de que yo pueda contar hasta cinco". Si él lo hace, dígale que fue un *sí* maravilloso. Practique cinco veces durante cinco días; su hijo será un niño más positivo.

Deje que su hijo diga *no*

Incluso aunque él todavía debe hacer lo que usted quiere (o necesita) que haga, su hijo tiene el derecho de decir *no*. Cuando usted quiera que él haga algo pero él se negó, explíquele la situación. Por ejemplo, diga: "Sé que no quieres levantar tus lápices, pero cuando hayas hecho lo que te pedí, entonces podrás hacer lo que quieres hacer". Esto le deja saber a su hijo que usted escuchó lo que él dijo y que está tomando sus sentimientos en consideración, pero que usted todavía es el jefe.

☞ *Lo que no debe hacer*

Reírse o alentar el uso del *no*

Reírse o dedicar mucha atención al uso excesivo del *no* por parte de su hijo sólo lo alienta a usar más la palabra para atraer su atención.

Enojarse

Recuerde que la etapa del *no* es normal en el desarrollo de su preescolar y que pasará pronto. Enojarse puede ser interpretado como conceder atención a su hijo por decir *no*, y atención y poder son precisamente lo que él quiere.

Pablo, el negativo

La palabra favorita de Pablo Montero, de veinte meses de edad, era la menos favorita de sus padres y la que menos querían escuchar: no. Puesto que el pequeño Pablo usaba esa palabra para responder a cualquier pregunta que se le hacía, sus padres comenzaron a preocuparse sobre sus capacidades mentales. "¿Puedes decir otra cosa en lugar de no?", le preguntaron a su hijo, sólo para escuchar la misma respuesta.

Así que los Montero trataron de reducir el número de veces que usaban la palabra durante el día, para ver si eso podría tener algún efecto sobre el vocabulario de Pablo. En vez de decir: "No, ahora no" cada vez que Pablo pedía una galleta, ellos decían: "Sí, recibirás una galleta cuando termines la cena". Aunque en realidad ellos estaban diciendo no, Pablo no reaccionó negativamente. En vez de eso, hizo que sus padres cumplieran la promesa, y recibió su galleta inmediatamente después de la cena.

A medida que sus padres cambiaban sus no por sí, Pablo incrementó su uso del sí, una palabra que era inmediatamente recibida con sonrisas, abrazos y felicitaciones de sus encantados padres. "Gracias por decir sí cuando te pregunté si querías bañarte", le decía su madre. Estaban felices porque su hijo estaba reduciendo sus no en proporción directa respecto a los elogios que recibía por decir sí.

Los Montero también trataron de reducir el número de preguntas de sí-no que le hacían a su hijo. En lugar de preguntarle si quería algo de beber para la cena, ellos decían: "¿Quieres jugo de manzana o leche?" Pablo hacía alegremente una selección entre las dos bebidas. Los esfuerzos de los padres fueron formas menos dolorosas para manejar el negativismo del niño, y pronto encontraron que su hogar alcanzaba un tono más positivo.

Jugar con la comida

Tome un niño de uno, dos o tres años y mézclelo con alimentos que él no quiera comer y ¡listo!; en un instante tendrá un desorden en sus manos, en las de él y probablemente también en la mesa y en el suelo. Cuando su hijo comienza a jugar con la comida en vez de comerla, generalmente eso significa que terminó de comer, sin importar si puede o no decirlo. Retire la comida en el instante en que pueda convertirse en un arma o en un juguete, incluso si él todavía tiene hambre. Esto le enseñará que la comida se hizo para comer y no para jugar.

Prevenga el problema

No juegue con la comida

Si usted le da vueltas a las arvejas con el tenedor, incluso distraídamente, su hijo supondrá que también puede hacerlo.

Prepare comidas que le gusten a su hijo

Para reducir la probabilidad de desórdenes, corte la comida del niño en pedazos pequeños que él pueda manejar y masticar por sí mismo.

Mantenga las bandejas fuera de alcance

Aleje a los preescolares juguetones de la tentación de revolver o regar las cosas por diversión.

Enseñe a su hijo los buenos modales en momentos neutrales, no durante la cena

Su hijo necesita saber lo que usted espera de él en los restaurantes y en casa, puesto que no nació sabiendo buenos modales. Los mejores momentos para enseñarle se presentan cuando no están sentados a la mesa. Por ejemplo, haga frecuentes "reuniones para tomar el té", donde pueda enseñarle a usar la cuchara, a conservar la comida en la bandeja, a no tocar la comida con las manos, a decirle cuándo terminó, etcétera. Si se trata de un niño de dos años, dígale: "Dime 'he terminado' y entonces podrás irte a jugar". Si son niños de tres a cinco años, diga: "Cuando suene el reloj, puedes levantarte de la mesa. Avísame cuando termines y yo retiraré tu plato".

Hable con su hijo en la mesa

Si usted conversa con él en la mesa, no buscará otras formas de llamar su atención, como jugar con la comida.

Resuelva el problema

☞ *Qué hacer*

Elogie los buenos hábitos en la mesa

Si su hijo no juega con la comida en la mesa, dígale cuánto le gusta la forma en que está comiendo. Diga, por ejemplo: "Es excelente la forma como usas el tenedor" o "Gracias por enrollar tan bien los espaguetis con el tenedor".

Muestre lo poco apetitoso que resulta jugar con la comida

Si su hijo rompe una regla para las comidas que previamente ha sido discutida y establecida, dígale cuáles son las consecuencias para demostrarle que jugar con la comida es inaceptable. Por ejemplo, diga: "Siento que hayas metido las manos en el puré de papa. Ahora, la cena ha terminado".

Pregunte a su hijo si ha terminado cuando comienza a jugar con la comida

No suponga inmediatamente que su hijo es diabólico. Pregúntele por qué disecciona el pastel de carne, por ejemplo, para darle la oportunidad de explicarse (si ya puede hablar).

☞ *Lo que no debe hacer*

Perder la calma

Aunque se sienta disgustado y enojado con su hijo por dañar los alimentos, su furia puede ser el condimento que él quiere para su comida. Su hijo crece buscando el poder de afectar el mundo (para bien o para mal). No permita que jugar con la comida se convierta en una forma de llamar su atención. No tenga en cuenta los juegos no destructivos con la comida que para usted resulten aceptables en la mesa.

Rendirse

Si su hijo tiene que pagar el precio por jugar con la comida, no ceda ni evite ese costo, incluso si él grita. Enseñe a su hijo que usted cumple lo que dice cada vez que establece una regla.

Los desastres en la mesa

La hora de la cena en casa de los Alfaro se parecía más a una clase de pintura, especialmente cuando su hijo de tres años, Nicolás, comenzó a embadurnar la comida alrededor de su plato y a escupir lo que no resultaba agradable para sus papilas. Los padres, disgustados con los juegos derrochadores de su hijo, trataban de detenerlo gritando:"¡No juegues con la comida!"

Cada vez que la madre amenazaba:"Si vuelves a hacer eso con las arvejas, te retiraré de la mesa", Nicolás volvía a arrojar otra arveja en el vaso de leche. Darle palmadas tampoco resolvió las cosas. Nicolás seguía dando unos pocos mordiscos a su comida y luego comenzaba a alimentar las plantas cercanas con su salchicha y sus arvejas.

Entonces, los Alfaro decidieron esperar a que Nicolás comiera lo suficiente. Notaban cuándo los ojos juguetones y las manos comenzaban a encontrar otras alternativas para las papas fritas y las habichuelas, y rápidamente retiraban su plato. La madre de Nicolás también pasó unos minutos durante el día enseñando a su hijo a decir: "Ya terminé", palabras que podría usar como señal cuando hubiera comido.

Los padres de Nicolás respiraron aliviados cuando pasaron tres semanas sin ejercicios de "pintura" en la mesa. Pero entonces Nicolás decidió, de repente, tratar de untar crema de maíz en el mantel. Afortunadamente, ya habían establecido la regla para los errores involuntarios, y le recordaron calmadamente a Nicolás: "Cada vez que produzcas un desastre, tú mismo tendrás que limpiarlo". En vez de gritar, le demostraron al niño tranquilamente cómo debía limpiar.

Nicolás no recibió atención alguna por limpiar su propio desastre, y sólo le tomó tres noches de limpieza para comenzar a decir: "Ya terminé". Descubrió que estas palabras parecían mágicas, y le gustaron las reacciones de sus padres, quienes lo abrazaron, lo besaron y le dijeron: "Gracias por decir 'Ya terminé', Nicolás. Sabemos que terminaste y ahora puedes ir a jugar con tus camiones".

Toda la familia se sintió aliviada, y pasaba más tiempo hablando sobre lo bien que se portaba Nicolás en la mesa, en lugar de hablar sobre lo destructivo que había sido cuando jugaba con la comida. Las cenas con su hijo se volvieron más breves pero más dulces, como nunca antes.

Jugar a disparar

Muchos papás y mamás lamentan el hecho de que sus pequeños hijos amen, en especial, convertir cualquier objeto que tocan en un arma, desde los bates de béisbol hasta las zanahorias, generalmente para imitar lo que ven en la televisión (a los niños los afecta más la violencia de la televisión que a las niñas)[1]. Los niños muy pequeños no procesan la información en la misma forma que los adultos, y tampoco tienen los instrumentos para evaluar lo que ven.

Se ha reportado que los preescolares que reciben armas y otros juguetes violentos para entretenerse presentan conductas más agresivas que los preescolares que sólo ven programas de televisión con contenido violento[2]. Pero los estudios han mostrado que cuando los niños están cerca de los tres años de edad, imitarán a algún personaje de la televisión tan fácilmente como si fuera una persona real[3]. Los resultados de los estudios sobre los efectos de la observación de violencia en televisión son consistentes: los niños aprenden formas nuevas para ser agresivos y sacan conclusiones sobre cómo el ser agresivos les puede reportar beneficios.

Estos niños, que ven dibujos animados de la televisión que les ofrecen lo que quieren al usar armas, son más propensos a imitar esas mismas acciones. Sea que los padres no tengan en cuenta o aprueben el uso de armas de juguete, o si exhiben conductas violentas ellos mismos, servirán como modelos para sus hijos. Por otra parte, los padres que enseñan a sus hijos cómo resolver los problemas en formas no violentas y quienes elogian permanentemente a sus hijos por encontrar soluciones pacíficas para los conflictos, les muestran a sus niños cómo ser menos agresivos[4].

Entonces, cuando su preescolar finja convertir sus papas fritas en armas, no se alarme pero tampoco haga caso omiso de su juego imaginario. En lugar de eso, enséñele la lección siguiente: incluso fingir que se hiere imaginariamente a las personas puede herir sus sentimientos. Tenga presente que la conducta de los adultos puede terminar alentando al niño a ser bueno o cruel. Cuide lo que hace y dice, y qué tan "explosivamente" actúa, para contener así la inclinación de su hijo hacia la violencia.

Prevenga el problema
Haga de la amabilidad una regla de la casa

Si su hijo se comporta agresivamente, establezca una regla que le explique lo que no está permitido en relación con el uso imaginario de armas en forma violenta. Por ejemplo, diga: "La regla es que tratamos a las personas amablemente para mostrarles que las estimamos. Apuntar con armas, incluso si son imaginarias, va contra nuestras reglas, porque eso lastima los sentimientos de las personas y las hace sentir miedo".

Piense antes de hablar

Emplee palabras y un tono de voz que no le preocupe que su hijo repita. Por ejemplo, cuando rompe una regla, en lugar de amenazarlo (incluso en broma) con "arrancarle la cabeza si no se detiene", diga calmadamente: "Siento que decidieras incumplir la regla sobre fingir usar un arma. La regla es: 'tratamos a las personas con amabilidad y nunca herimos o tratamos de herir a nadie'".

Muestre amabilidad

Usted es el primero y más importante modelo para su hijo. Cuando usted escucha, abraza, respeta a su hijo, y se disculpa con él, aprenderá a comportarse con amabilidad.

Aprenda a controlar su enojo

Lo que conduce a los niños a "dispararse" es lo mismo que lleva a los adultos a "explotar": rabia por algo que está fuera de control. Dígase a sí mismo que usted *espera* conseguir ese ascenso, *espera* que el tráfico sea suave, *espera* que su vestido favorito todavía le sirva, etcétera. Pero si ninguno de estos deseos se cumple, no se hunda en el colapso. Permanezca controlado, incluso cuando las cosas no salen como quiere.

Resuelva el problema

☞ *Qué hacer*

Enseñe empatía

Cuando su hijo finja que ataca a una persona con un arma de juguete u otro objeto, considere este acontecimiento como un momento oportuno para enseñar. Pídale que piense cómo se sentiría si alguien finge dispararle con un arma de juguete. Diga: "Las armas pueden herir a las personas. ¿Cómo te sentirías si alguien fingiera que va a dispararnos? A mí no me gusta asustar o herir a nadie. Espero que tú tampoco quieras hacer eso".

Aliente los juegos que promuevan la cooperación

Los niños que aprenden a disfrutar al construir cosas, compartir con otros y comprometerse en actividades sociales supervisadas, tendrán menos oportunidades de recurrir a juegos violentos para divertirse. Elogie a su hijo cuando se lleva bien con otros mientras juega, así sabrá que usted aprueba que juegue con amabilidad. Diga: "Me gusta lo bien que se llevan ustedes y la amabilidad que muestran al compartir sus juguetes".

Limite la violencia en la televisión, los juegos de video y de computador

Es un hecho bastante documentado que a los preescolares les gusta imitar lo que ven. Muchos niños han sido maltratados por patadas de kung-fu, cuando sus compañeros ensayan. En una investigación canadiense, se encontró que los niños se portaban mucho más agresivamente luego de dos años de haber introducido la televisión en su localidad[5].

Las fuertes identificaciones con personajes violentos de la televisión y la creencia en que las situaciones de televisión son reales, son dos condiciones que se asocian con mayor agresividad[6].

Usted necesita saber lo que su hijo ve en televisión y los juegos que utiliza. Reduzca la cantidad de contenido violento al que se expone su hijo al establecer una regla sobre lo que puede ver y los juegos que puede usar, al igual que los tiempos para ambas actividades. Hágase cargo del control remoto de la televisión y del acceso al computador, para mantener la violencia fuera de su casa y de la imaginación de su hijo.

Acompañe a su hijo cuando vea televisión

Los estudios han mostrado que cuando un adulto acompaña a un niño a ver televisión y comenta las acciones, el niño recuerda más y se inclina a imitar más lo que vieron juntos[7]. Puesto que mirar televisión con un adulto realmente puede intensificar los efectos positivos (o negativos) de los contenidos sobre el niño, resulta imperativo que usted seleccione sólo programas no violentos y discuta los contenidos con él. Su hijo no debe mirar televisión si usted está viendo un programa violento.

Enseñe a su hijo a ofrecer disculpas

Cuando un exuberante pequeño trata de "dispararle" a un hermanito o compañero con una regla, por ejemplo, retire el "arma" y diga: "Las armas hieren a las personas. La regla es que nos tratamos con amabilidad y nunca pretendemos herir a otra persona, ni siquiera jugando.

Nosotros no herimos a las personas, las amamos. Por favor, dile a Samuel que lamentas haberle apuntado con un arma". Cuando el niño obedezca sus indicaciones, diga: "Gracias por ser amigo de Samuel. Me gusta la forma como le demuestras que te preocupas por él".

Enseñe a su hijo a transigir

Ayude a su hijo a aprender a ser justo en la solución de las disputas. Por ejemplo, cuando lo vea amenazar a su amigo con pegarle por agarrar su juguete, diga: "Piensa que podrías hacer algo más cuando tu amigo tiene tu juguete. Puedes tomar el reloj y programarlo, como hago yo, para que tu amigo pueda jugar un rato y luego tengas tu turno. Así podrán jugar los dos y divertirse".

☞ *Lo que no debe hacer*

¡Golpear!

Sin importar lo tentador que pueda resultar darle palmadas a un niño para "enseñarle un poco de sensatez" o "darle una lección", resista el impulso. Aunque pueda estar furiosa y aterrada porque su hijo cruzó la calle sin su permiso, darle palmadas por eso le envía un mensaje contradictorio: está bien que yo te golpee, pero tú no puedes golpearme ni golpear a nadie. Practique lo que predica. Dar palmadas le enseña que está bien lastimar a las personas para que hagan lo que uno quiere. Incluso las ocasionales palmaditas envían el hiriente mensaje de que si usted es más grande y fuerte que el niño, está bien golpearlo para que aprenda.

Reaccionar con exageración

Por ejemplo, cuando su hijo finge dispararle a su hermano menor con un lápiz, conserve la calma. En lugar de simplemente prohibir esa conducta, aproveche el momento para enseñar y diga: "Siento que hayas roto la regla sobre tratar amablemente a los demás. Dime la regla y muéstrame cómo puedes tratar amablemente a tu hermano".

Amenazar

Amenazar con golpear a su hijo con una cuchara de madera cuando finge que golpea a su hermana con su animal de peluche, sólo le enseña a temer su presencia. Para su hijo, una amenaza es una promesa vacía y un ejemplo de cómo los adultos no cumplen su palabra. En lugar de amenazar con violentas consecuencias, como: "Te daré palmadas si vuelvo a verte fingiendo que le disparas a tu hermano con ese rollo vacío", diga simplemente: "Siento que hayas decidido romper la regla sobre fingir que hieres a alguien. Ahora quiero que pienses lo asustado que podrías estar si alguien te apuntara con un arma".

Antonio, el "asesino"

Antonio Martínez, de tres años, convertía cualquier cosa que tuviera en las manos en un revólver, un cuchillo o una espada, así disparaba, acuchillaba o cortaba a todos los "tipos malos" que estuvieran alrededor. Doris, la madre de Antonio, estaba fuera de sí. Pensaba, con certeza, que si no le hubiera regalado armas de juguete a su hijo, él no emplearía esa violencia. Gabriel, el papá de Antonio, sólo se reía de sus temores. "Doris, los niños tienen que ser niños. Yo tuve pistolas de juguete cuando era niño, ¿y por qué no me ves actuar como si estuviera dispuesto a matar gente?"

"Pero él convierte todo en un arma", se lamentó Doris. "Hoy, al almuerzo, mordió su sándwich hasta convertirlo en un arma y fingió que me disparaba. Fue escalofriante ver las intenciones en su cara cuando me apuntaba con su 'revólver'".

"Debes darle palmadas cuando haga eso", respondió Gabriel. "Eso le enseñará a no apuntar a nadie, ni siquiera al jugar".

"No voy a darle palmadas", dijo Doris con indignación. "No tiene el menor sentido lastimarlo para enseñarle a no lastimar a las personas. Estuve hablando con Aura, la mamá de José, y me dijo que ellos pusieron a José a pensar cómo se sentirían si alguien les apuntaba. También establecieron una regla para desterrar de su casa

todos los dibujos animados de kung fu y otras cosas violentas que pasan en televisión. La televisión se apaga cada vez que José elige ver esa clase de basura. Me dijo que José entendió el mensaje".

"Bueno, entonces ensayemos lo mismo", sugirió Gabriel. "A propósito, he pensado que tengo que dejar de hacer algo. Ya sabes que siempre estoy diciendo cosas como '¡Si vuelves a hacer eso, te arrancaré el brazo!' Supongo que eso le envía a Antonio este mensaje: si una persona se enoja con alguien, entonces está bien lastimarla".

Durante las siguientes semanas, los padres de Antonio eliminaron sus mensajes violentos. En vez de amenazarlo cuando jugaba a "dispararle al enemigo", ellos decían cosas como: "Sentimos que hayas elegido apuntar a las personas. Los revólveres pueden matar, y apuntarle a las personas con ellos las asusta. Mejor juguemos al colegio con esa regla, en lugar de fingir herir a alguien con ella. Pon la regla sobre esta hoja e intenta trazar una línea recta con tus crayones".

"Es sorprendente", le dijo Doris a Gabriel. "He venido incitando a Antonio a hacer otra cosa con los objetos, cada vez que lo sorprendo utilizándolos para fingir que son armas. Ahora ha terminado por decirme: 'Mamá, no me gusta esta clase de televisión' cada vez que observa que una persona hiere a otra en algún programa".

Gabriel sonrió y dijo: "Yo escuché casualmente a Antonio jugar con José cuando comenzaron a fingir que se disparaban entre sí, y Antonio dijo: 'No está bien apuntar a la gente con pistolas. Eso hiere sus sentimientos. Mejor juguemos con mis camiones'".

A Antonio no se le permitió fingir que dispara en casa, ni en el jardín infantil, en la iglesia o en cualquier otro lugar. Aunque los Martínez no creían que Antonio quisiera herir realmente a alguien, sabían que otros podían no estar muy seguros de sus verdaderos motivos. Tristemente, los niños ya no sólo fingían usar la violencia contra sus compañeros. Los padres de Antonio querían que entendiera que la vida es preciosa y que está mal herir a la gente. Un mensaje que esperaban que cada niño tuviera la suerte de recibir de parte de un padre cariñoso.

La resistencia a acostarse

Los niños preescolares, activos y llenos de energía, hacen cualquier cosa para evitar dormir. Convierten la hora de acostarse o la de la siesta en temporada de caza, momentos de llanto o tiempo de buscar otro libro de lectura y posponer la temible acostada. Permanezca firme en la ejecución del momento de acostarse que *usted* eligió, sin importar lo que pueda pensar su hijo respecto a la hora adecuada para irse a dormir. Sin embargo, ayúdele a su hijo a relajarse gradualmente, en vez de exigirle que apague su motor inmediatamente.

Nota: Puesto que su hijo necesita realizar cambios de sueño a medida que crece, usted podrá dejar que permanezca levantado hasta más tarde o reducir el tiempo de sus siestas a medida que crece. Los niños (incluso los que pertenecen a la misma familia) requieren distintas cantidades de sueño. Su niño de dos años puede no necesitar la misma cantidad de sueño que su hermano mayor cuando tenía dos años.

Prevenga el problema
Establezca una rutina para la hora de acostarse

Termine el día, o comience una siesta, con una sensación especial entre usted y su hijo al recitarle un poema o contarle un cuento como parte regular de la rutina de irse a la cama. Volver este evento algo especial hará que él lo busque más adelante. Inténtelo y recite: "Buenas noches, que descanses, y que sueñes con los ángeles" o hable sobre lo que pasó en el día, sin importar si se produce un monólogo.

Convierta el ejercicio en una costumbre diaria

Compruebe que su hijo hace bastante ejercicio durante el día, para que el cuerpo pueda decirle a la mente que irse a la cama es buena idea.

Fije una hora bastante regular para la siesta

No permita que su hijo aplace la siesta hasta muy entrada la tarde o la noche, y no pretenda que se duerma a las ocho de la noche. Acuéstelo para la siesta a una hora suficientemente temprana en el día, para que pueda estar segura de su cansancio a la hora de acostarse.

Pasen tiempo juntos antes de ir a la cama

Juegue con su hijo antes de la hora de acostarse, para evitar que proteste para llamar su atención cuando llegue el momento de dormir.

Sea constante con el horario para dormir

Determine cuánto sueño necesita su hijo al observar cómo actúa cuando toma una siesta y cuando no quiere tomarla, o bien cuando se va a la cama a las nueve en vez de a las siete. Establezca un horario constante para dormir, de acuerdo con las necesidades de sueño de su hijo, y ajústelo a medida que crece.

Resuelva el problema

☞ *Qué hacer*

Use el reloj para manejar las rutinas de sueño

Una hora antes del instante de irse a dormir (o de la siesta), programe el reloj por cinco minutos y anuncie que el timbre le avisará a su hijo cuándo será el momento de comenzar a prepararse para ir a la cama. Esto evita sorpresas y le permite al niño anticipar los eventos que vienen. Cuando suene el timbre, diga: "El reloj dice que ha llegado el momento de prepararse para ir a dormir. Vamos a tomar un baño y después nos pondremos el pijama". Luego, programe el reloj por quince minutos y diga: "Veamos si podemos ganarle al reloj estando listos antes de que suene". Esto le da la oportunidad de elogiar los esfuerzos de su hijo al prepararse durante la rutina básica para irse a dormir.

Esté seguro de conceder suficiente tiempo para que el niño pueda terminar. Cuando termine la rutina, programe el reloj por el resto de la hora que estableció primero, y anuncie: "Venciste al reloj. Puedes volver a jugar un poco hasta que el reloj timbre otra vez y nos avise que llegó la hora de acostarse. Ahora, programemos el reloj para lavarnos los dientes, tomar agua e ir al baño a hacer pipí (si tiene la edad para hacerlo solo)". La rutina con el reloj les permite a usted y a su hijo jugar, en lugar de emprender una batalla a la hora de acostarse.

Siga los mismos rituales sin tener en cuenta el tiempo

Incluso si la hora de acostarse se ha pospuesto por alguna razón, siga los mismos rituales para que su hijo aprenda lo que se espera de él cuando es hora de dormir. No subraye lo tarde que se ha hecho para que él se acueste. Acelere un poco el ritmo ayudándole a ponerse el pijama y a tomar un vaso de agua, y programe el reloj con menores intervalos, pero no omita ningún paso.

Conserve el mismo orden de eventos

Puesto que los preescolares se sienten cómodos bajo condiciones consistentes, bañe a su hijo, lave sus dientes y póngale el pijama en el mismo orden cada noche. Pídale que le diga cuál es el siguiente paso en la rutina, para jugar con el hecho de prepararse para dormir y para que se sienta como si dirigiera la orquesta.

Ofrezca recompensas por irse a la cama

Salude a su hijo por la mañana con la buena noticia de que irse a dormir en el momento preciso es algo que vale la pena. Diga: "Como te fuiste a la cama tan amablemente, te leeré otro cuento".

☞ *Lo que no debe hacer*

Dejar que su hijo controle la hora de acostarse

Apéguese a la hora de acostarse que usted estableció a pesar de la resistencia de su hijo. Recuerde que usted sabe por qué su hijo no quiere irse a la cama, y por qué sí debe hacerlo. Dígase: "Está llorando sólo porque no quiere terminar de jugar, pero yo sé que jugará más feliz después si ahora duerme un poco".

Amenazar a dar palmadas

Amenazar o dar palmadas a su hijo para meterlo en la cama puede producirle pesadillas o miedos, para no mencionar que lo hará sentir molesto y culpable cuando la mala conducta persista después. Castigar a un niño no le enseña la conducta adecuada. En vez de hacer eso, concéntrese en usar el reloj como autoridad neutral para determinar cuándo llega la hora de dormir.

Convertirse en historiador

Decir, por ejemplo, "Como no querías irte a la cama anoche, no podrás ver televisión esta mañana" no le enseña a su hijo a acostarse a la hora prevista. Concéntrese en el futuro y no en el pasado.

La hora de dormir de Benjamín

Las noches en casa de los Ulloa significaban una cosa: una lacrimosa guerra de voluntades entre Benjamín, de tres años, y su padre, cuando anunciaba que era la hora de acostarse para el pequeño.

"¡No estoy cansado! ¡No quiero acostarme! ¡Quiero seguir levantado!", imploraba Benjamín cada noche cuando su molesto papá lo arrastraba a la cama.

"Sé que no quieres irte a dormir", replicaba su padre, "¡Pero harás lo que digo, y yo digo que es hora de dormir!" Forzar al niño a irse a la cama de ese modo molestaba a la señora Ulloa tanto como a Benjamín. Aunque el señor Ulloa creía que él debía mandar, supo que tenía que existir una forma de evitar las batallas y los llantos a la hora de acostarse.

La siguiente noche, el señor Ulloa decidió controlarse y dejar que otra cosa, el reloj de la cocina, controlara la hora de irse a dormir. Una hora antes del momento en que Benjamín debía acostarse, programó el reloj por cinco minutos. "Llegó el momento de prepararse para ir a la cama", explicó el señor Ulloa a su asombrado hijo. "Cuando estés listo para irte a la cama antes de que suene el reloj, lo programaremos de nuevo y podrás permanecer levantado y jugar hasta que suene de nuevo".

Benjamín corrió y estuvo listo para irse a la cama antes de que sonara el reloj. Como prometió, el señor Ulloa programó el reloj, luego leyó los cuentos de animales favoritos del niño y le cantó algunas nuevas canciones para dormir hasta que sonó de nuevo el reloj, una hora más tarde desde la programación inicial. "¿Es hora de dormir, cierto?", dijo Benjamín, actuando encantado por haber resuelto perfectamente el juego. "¡Así es! Estoy muy orgulloso de ti por recordar la nueva regla", replicó su papá.

Cuando los dos se dirigían hacia la cama, el señor Ulloa le dijo de nuevo a su hijo lo orgulloso que se sentía de él por haberse preparado tan bien para irse a dormir. Usar el reloj para controlar la hora de acostarse les ayudó a ambos a disfrutar de una noche sin dolor por primera vez en muchos meses. Después de varias semanas de seguir esta rutina, irse a dormir no era algo que los preocupara, pues estaba lejos de ser una batalla para Benjamín y para su papá.

Negarse a usar el asiento del auto

Los asientos de auto para niños y los cinturones de seguridad son el enemigo número uno de millones de preescolares amantes de la libertad. Estos espíritus aventureros no entienden por qué tienen que ir sujetos con cinturones, pero *pueden* entender la regla bajo la cual el auto no se moverá hasta que los cinturones estén puestos, o ellos estén asegurados con los cinturones del asiento para niños. Garantice la seguridad de su hijo cada vez que entre al auto, al abrochar bien los cinturones. La costumbre de ponerse el cinturón de seguridad se volverá natural para su hijo –hoy un pasajero y mañana un conductor– si usted no vacila en la aplicación de esta regla de vida o muerte.

Hoy en día casi todos los países exigen que los bebés y los niños tengan abrochado el cinturón de seguridad cuando viajan en un auto. Los asientos para bebés y los cinturones de seguridad tienen especificaciones para el peso y la edad, de modo que viajar en auto sea tan seguro como resulte posible para sus niños. Los bebés se tienen que acomodar en asientos que miren hacia atrás hasta que tengan por lo menos un año y pesen por lo menos diez kilos aproximadamente. A medida que crecen, hay que sentarlos en asientos que miran hacia adelante, en asientos convertibles y, finalmente, en asientos que se puedan graduar de acuerdo con su peso y edad.

La mayor causa de muerte de los niños se debe a los traumas en accidentes de automóviles. Los niños que no están asegurados en sus asientos salen disparados hacia adelante si el auto se detiene repentinamente. Pueden golpearse contra algo en su camino; el tablero de mandos, el parabrisas o la parte trasera de los asientos delanteros, y recibir aproximadamente un impacto equivalente a una caída de un piso por cada diecisiete kilómetros por hora de velocidad del auto. Incluso aunque el tablero de mandos o la parte trasera de los asientos delanteros tengan relleno, el impacto de un golpe a ochenta kilómetros por hora puede causar un considerable daño en cuerpos pequeños. Este trauma puede prevenirse al asegurar bien a los niños en sus asientos. *Jamás* negocie la regla de ajustarse los cinturones de seguridad, o comprometerá las vidas de sus hijos.

Nota: El índice de muertes de bebés podría reducirse en casi tres cuartas partes, y la tasa de heridas en los niños de uno a cuatro años podría disminuir en un cincuenta por ciento si se usaran asientos adecuados en los autos.

Prevenga el problema
Dé a su hijo espacio para respirar

Asegúrese de que su hijo tiene espacio para mover sus manos y piernas, pero que esté seguro en su asiento.

Establezca esta regla: el auto no se moverá hasta que cada uno tenga puesto el cinturón de seguridad

Si usted refuerza esta regla desde el principio, su hijo se acostumbrará a la idea de sentarse en su asiento especial y, finalmente, ponerse el cinturón de seguridad.

Haga que su hijo se sienta orgulloso de estar seguro

Para hacerlo sentir orgulloso de haber cumplido con abrocharse, diga a su hijo que se graduó y que merece un asiento de seguridad más grande o usar sólo el cinturón de seguridad. Por ejemplo, diga: "Te estás convirtiendo en un adulto. ¡Aquí tienes tu nuevo asiento de seguridad para el auto!"

Evite quejarse por tener que usar el cinturón de seguridad

Decir a su esposo o a su amiga que odia usar el cinturón de seguridad le da a su hijo una razón para resistirse a usarlo él también.

Ofrezca un entrenamiento para viajar en el auto

Explique a su hijo lo que espera de él cuando van en el auto. Recorra breves trechos en el barrio con uno de los padres al timón y el otro sentado junto al niño, alabando su manera de sentarse tan bien y seguro en su asiento. Diga: "Te has sentado muy bien en tu asiento hoy" o "Qué bien estás sentado", mientras le da palmaditas de felicitación y lo acaricia.

Resuelva el problema

☞ *Qué hacer*

Asegúrese usted también

Asegúrese de usar su cinturón de seguridad y recalque que su hijo también tiene uno, así no sentira que está solo en su confinamiento temporal. Si usted no usa el cinturón de seguridad, su hijo no entenderá por qué él sí tiene que usarlo.

Elogie el permanecer en el asiento de seguridad

Si usted no toma en cuenta a su hijo cuando él va muy asegurado en su asiento, podría buscar formas de llamar su atención, incluyendo tratar de salirse de su asiento o quitarse el cinturón de seguridad. Mantenga a su hijo libre de problemas en el auto al hablarle y jugar con palabras, por ejemplo, así como al elogiar su manera de ir bien asegurado.

Sea consistente

Detenga el auto tan rápida y seguramente como sea posible cada vez que su hijo se salga del asiento de seguridad o se quite el cinturón de seguridad, para enseñarle que la regla debe obedecerse. Diga: "El auto sólo se moverá de nuevo cuando vuelvas a tu asiento [o te pongas el cinturón], pues así estarás seguro".

Distraiga la atención de su hijo

Emprenda actividades como juegos de números, juegos de palabras, cubrirse la cara, cantar y otras por el estilo, para que su hijo no trate de salirse de su asiento porque necesita hacer algo.

☞ *Lo que no debe hacer*

Dedicar atención al comportamiento desafiante de su hijo, a menos que se salga de su asiento o se quite el cinturón de seguridad

No conceda atención al llanto o a los gemidos de su hijo mientras vaya bien asegurado en su asiento [o con el cinturón de seguridad puesto], para que pueda ver que no hay beneficio al protestar por la regla del cinturón de seguridad. Dígase: "Sé que mi hijo está más seguro en su asiento y sólo peleará por unos momentos. Su seguridad es mi responsabilidad y yo cumplo al reforzar la regla del cinturón".

Jacobo, el "desabrochado"

Esteban Botero amaba hacer diligencias en compañía de su hijo de cuatro años, Jacobo, hasta que el niño encontró la forma de obtener la atención completa de su padre al desabrocharse el cinturón de seguridad y saltar en el asiento de atrás. "¡Jamás vuelvas a quitarte el cinturón de seguridad, jovencito!", le ordenó el señor Botero cuando observó que su hijo estaba libre.

Ordenarle simplemente que no se lo quitara no resolvió el problema; debido a eso, el señor Botero decidió que era necesario un castigo físico más riguroso. Aunque nunca antes le había dado palmadas a su hijo, comenzó a dárselas cada vez que lo sorprendía vagando suelto en el asiento trasero. Para poder darle palmadas, el señor Botero tenía que detener el auto, pero cada vez que lo hacía, Jacobo se arrojaba de nuevo en su asiento y se abrochaba el cinturón para evitar la paliza. Así que el señor Botero decidió que en vez de darle palmadas a Jacobo, detendría el automóvil y se negaría a continuar hasta que su hijo se abrochara el cinturón. Él sabía que Jacobo no era lo suficientemente paciente como para esperar mucho tiempo, incluso aunque no quisiera realmente ir a donde se dirigían.

El señor Botero aplicó esta nueva estrategia cuando se dirigían al parque. Cuando Jacobo se desabrochó el cinturón, su padre detuvo el automóvil. "Iremos al parque cuando estés en tu asiento y te abroches el cinturón de seguridad", le explicó el señor Botero. "No es seguro para ti que vayas sin abrocharlo". El señor Botero cruzó sus brazos, esperando que Jacobo volviera a su asiento, pues sabía lo ansioso que estaba por llegar al parque. Jacobo cooperó.

Unos kilómetros más adelante, Jacobo volvió a quitarse el cinturón, y el señor Botero detuvo el automóvil. No le dio palmadas a su hijo; simplemente repitió la regla. "El auto no se moverá hasta que vuelvas a tu asiento". Jacobo volvió a su asiento y se abrochó el cinturón con calma. El señor Botero le dijo: "Gracias por volver a tu asiento", y después volvieron a casa sin ningún incidente.

Sin embargo, eso no resolvió el problema. En la siguiente ocasión en que Jacobo se desabrochó el cinturón, el señor Botero estaba tan furioso que tuvo la tentación de gritar de nuevo, pero permaneció firme en su nueva estrategia. También comenzó a incluir al niño en las conversaciones y a elogiar sus conductas seguras. En poco tiempo, el señor Botero volvió a disfrutar de los paseos con su hijo y de la certeza de viajar seguros.

Resistirse al cambio

"¡No! ¡*Mamá* lo hace!", grita su hijo cuando su esposo trata de darle un baño, un trabajo que –dice él– es "de mamá". El cambio puede ser duro para las personas, pero es particularmente difícil para los menores de seis años e incluso más exigente aun para los niños nacidos con un temperamento que quiere que *todo* sea rutinario y predecible. Los preescolares no tienen mucha experiencia con el cambio, así que cuando usted le pide a su hombrecito que se prepare para salir cuando está inmerso en un juego con su amigo, es probable que sufra un colapso. Es común que los pequeños encuentren seguridad en una monotonía predecible, pero algunas veces la necesidad de seguridad bordea con la absoluta inflexibilidad. Ayude a su reticente hijo a aprender a fluir con la corriente para así incrementar sus oportunidades de adaptarse a las circunstancias a medida que crezca.

Prevenga el problema
Genere un ambiente amigable con las equivocaciones

Al enviar un mensaje que resta importancia a los errores de su hijo, le está enseñando que nadie es perfecto. Esta lección también le servirá cuando tenga la experiencia de tener que recuperarse de un problema. Diga: "Siento que derramaras la leche. Vamos a limpiar esto. Todos tenemos accidentes".

Enseñe habilidades para tomar decisiones

Su hijo quiere sentirse dueño de su destino; permítale tomar algunas decisiones simples. Escoger entre dos tipos de cereal, dos pares de calcetines, o dos juegos diferentes, por ejemplo, le confiere una sensación de control sobre su mundo.

Respete la individualidad de su hijo

Usted puede haberse reconciliado con el cambio hace mucho tiempo, pero a su hijo eso puede no resultarle fácil porque su temperamento puede ser diferente. Entienda que cada niño tiene un carácter único, incluso al interior de la misma familia. Evite decir: "¡No seas así!" cuando se enfrente contra las inflexibles decisiones de su hijo. En lugar de eso, diga: "Sé que para ti es duro cambiar de niñera. Pero podrás manejarlo; verás que todo irá bien".

Recuerde a su hijo que él tiene un lugar

Todos queremos sentir que encajamos en un grupo particular. Diga con frecuencia a su hijo que él es un valioso miembro de la familia, y aliente su participación al pedirle que se una a todos para ayudar en cosas de la casa. Diga: "Gracias por levantar tus juguetes y guardarlos. Ayudaste a mantener nuestra casa limpia y bonita".

Resuelva el problema

☞ *Qué hacer*

Fomente la capacidad de recuperación

Los niños con capacidad de recuperación enfrentan los cambios como desafíos para superar. Por otra parte, los niños inflexibles se resisten al cambio tanto como pueden. Decir a su hijo que *intente* hacer algo en vez de decirle que *tiene* que hacer algo, puede convertir sus sentimientos de temor y pérdida de control en entusiasmo. Ayúdele a construir una estructura para cambiar, al decir, por ejemplo: "Tendrás una nueva niñera esta noche. Ella será divertidísima. ¿No te parece magnífico conocer personas nuevas?"

Enseñe a su hijo a manejar el cambio

Los niños a quienes se les enseña a lidiar con el cambio están mejor preparados para enfrentar el desafío. Por ejemplo, diga: "Esta nueva camiseta es muy bonita. Dejar de usar tu vieja camiseta azul no es gran cosa. Te sentirás muy bien al usar tu nueva camiseta amarilla hoy".

Establezca objetivos para aceptar el cambio

Si los niños cuentan con el tiempo suficiente para pensar y prepararse para el cambio, sentirán que poseen más control sobre su destino. Puede ayudar a su hijo a aceptar el cambio más fácilmente al decirle que se fije objetivos para lidiar con este. Por ejemplo, diga: "Irás al zoológico con tu clase mañana. Eso será divertido. Fijemos el objetivo de pasar un rato agradable en el zoológico". Después, repítale periódicamente el objetivo y haga que él se lo repita a usted. Pregúntele: "¿Cuál es el objetivo al visitar el zoológico mañana?: "Exacto; vas a pasar un rato agradable en el zoológico".

Enseñe a resolver problemas

Cuando los niños se enfrentan con el cambio y no saben qué hacer, limitar sus opciones les ayuda a ver mejor la sistuación. Por ejemplo, diga: "Sé que no quieres cambiarte a una cama grande. Pensemos cómo pudiera ser más fácil hacerlo. Tal vez podrías llevar tu oso de peluche a la cama grande, él puede acompañarte cuando duermas ahí".

☞ *Lo que no debe hacer*

Responder con furia a la resistencia

Los niños que están molestos por un cambio necesitan mucho apoyo y empatía para reducir su ansiedad. Enfurecerse con su niño por ser inflexible sólo incrementa su sensación de impotencia.

Reaccionar exageradamente ante los errores

Enojarse cuando su hijo deja mugre en la casa le dice que él no es digno de afecto si comete errores, los cuales son comunes a lo largo del día (puesto que él es un niño preescolar). Trate los errores como si no fueran gran cosa. Enséñele cómo corregir su conducta al tratar los errores como oportunidades para aprender y no como aterrorizantes momentos. Diga: "Por favor, alcánzame las toallas de papel para que podamos limpiar esto. Cuando trabajamos juntos, podemos limpiar en un instante".

La tontería de la taza y el plato

Julia Aquilor sólo tenía dos años y medio, pero era tan capaz de pensar por sí misma que esos años parecían desmentir su edad. Sabía lo que quería y cómo lo quería, y sus padres Beatriz y Jaime no eran capaces de ir en contra de sus deseos. Cuando no había una pelea por usar la taza azul en vez de la amarilla en el desayuno, había una guerra por usar algo que no fueran sus pantalones verdes y su camiseta rosada. Cuando se enfrentaba al cambio, lo primero que hacía Julia era resistir, después gritar y, por último, hundirse en un inconsolable mar de lágrimas.

Beatriz y Jaime querían ayudar a Julia a ser más flexible. Jaime sabía que establecer objetivos en el trabajo le ayudaba a permanecer concentrado y a no distraerse por su ansiedad para tener todo listo. Pensó que tal vez Julia sería capaz de ver más allá de su temor al cambio si tenía un objetivo en mente.

Beatriz y Jaime decidieron que el primer objetivo de Julia podría enfocarse en su firme rechazo a usar platos diferentes en el desayuno. Cuando pudiera aprender a ser más flexible y usar diferentes platos, ellos tendrían esperanzas sobre su capacidad para ser menos rígida al lidiar con otros cambios. Así que empezaron por contarle a Julia que iba a tener un nuevo juego de plato y taza para el desayuno, uno que ellos le permitirían escoger.

Esa noche, Beatriz le dijo: "Julia, establezcamos un objetivo para mañana por la mañana. Yo pienso que sería buena idea el objetivo de divertirte al usar tu nuevo juego de taza y plato al desayuno". Julia miró a su madre y asintió, pero Beatriz no estaba segura de si la idea del objetivo había penetrado del todo en su cabeza. Unos minutos después, Beatriz dijo: "Julia, ¿recuerdas tu objetivo para mañana en el desayuno? ¡Vas a divertirte con tu plato y taza nuevos!"

Esta vez, Julia contestó: "Sí, yo recuerdo". Los Aquilor repitieron este objetivo muchas veces esa noche. Incluso fueron varias veces a la cocina a mirar la taza y el plato, nuevos y relucientes, colocados en la barra.

A la mañana siguiente, Julia miró ansiosa sobre la mesa y dijo: "¿Dónde están mi taza y mi plato nuevos?" Beatriz y Jaime supieron que algo nuevo estaba pasando. Le ayudaron a Julia a aceptar el cambio al permitirle desearlo. Después de pocos días con su taza y plato nuevos, Beatriz y Jaime le dijeron: "Julia, usemos el plato y la taza viejos para el desayuno de mañana".

"¡No!", gritó Julia. "¡Los nuevos! ¡Quiero el nuevo plato y la nueva taza!"

Sus padres no dijeron nada más respecto al retorno de su talón de Aquiles del pasado. En su lugar, le ayudaron a la niña a establecer un nuevo objetivo. Esa noche, Beatriz dijo: "Julia, fijemos un nuevo objetivo para el desayuno de mañana. Me parecería bien que ese objetivo fuera usar el plato y la taza viejos". Más tarde, Beatriz le preguntó: "Julia, ¿cuál es el nuevo objetivo para mañana al desayuno?"

Julia pensó durante un minuto y dijo: "¿La taza y el plato azules?"

"¡Exacto!", dijo Beatriz. "Usaremos los viejos mañana. Me alegra que recordaras el nuevo objetivo".

Aunque Beatriz y Jaime no estaban seguros de que este pequeño ejercicio liquidaría el problema, se pusieron felices cuando Julia comenzó a resolverlo como un juego y realmente deseó el nuevo objetivo del día. Comprendieron que Julia podría relajarse para asumir el cambio a medida que se preparaba para enfrentarlo. Ahora tienen un plan que hace feliz a toda la familia. Su perseverancia tuvo una recompensa.

La rivalidad entre hermanos

Acusar a los hermanos y hermanas, y odiar al recién nacido desde el primer día en que invade la casa, son dos ejemplos de cómo la rivalidad entre hermanos causa estragos en las relaciones familiares. Dado que los preescolares constantemente están batiendo las alas de la independencia y la importancia, con frecuencia pelean con sus hermanos por espacio, tiempo, y la posición número uno en su mundo más importante: la familia. Aunque la rivalidad entre hermanos es parte de la naturaleza humana, se puede disminuir su frecuencia al mostrarle a cada uno de sus preescolares que es una persona especial. Para mantener la rivalidad al mínimo, enseñe a sus hijos que llevarse bien les produce lo que quieren: atención y privilegios.

Prevenga el problema

Prepare a su hijo antes de que llegue el nuevo bebé

Hable con su hijo mayor (si tiene más de un año) sobre cómo será incluido en la vida del bebé. Explíquele cómo serán las nuevas rutinas de la familia y cómo se espera que él pueda contribuir. Esto le ayudará a sentir que es una parte importante del amor y el cuidado que se darán a su nuevo hermano.

Juegue con su hijo mayor cuando el bebé esté dormido o despierto

Para disminuir la rivalidad asociada con el nuevo bebé, asegúrese de jugar con su hijo mayor cuando el bebé esté despierto al igual que si está dormido. Esto evitará que su hijo mayor concluya que usted sólo le concede atención cuando el bebé está fuera de vista. Pasar tiempo con su hijo mayor sin importar lo que esté haciendo el bebé lo llevará a pensar: "Mamá me ofrece atención cuando el bebé está aquí y cuando no está. Entonces, ¡el bebé no es tan malo después de todo!"

Establezca objetivos realistas para llevarse bien

No espere que su hijo abrace al bebé con la misma ternura que usted. Él puede ser mayor que el bebé, pero todavía necesita mucha atención individual.

Pase tiempo aparte con cada uno de sus hijos

Aun si tiene media docena de preescolares para atender, trate de pasar tiempo aparte con cada uno de ellos (un baño, una caminata o un viaje a la tienda, por ejemplo). Esto le ayudará a enfocar su atención en las necesidades de cada uno, y la mantendrá informada sobre sentimientos y problemas que pueden no escucharse en medio del estruendo de la multitud en la casa.

Haga propuestas para el desarrollo individual (para padres de gemelos o niños muy cercanos en edad)

Exponga la creatividad de cada niño en el ambiente especial de cada uno, para así reafirmarles que sus esfuerzos merecen atención privilegiada.

Resuelva el problema

☞ *Qué hacer*

Deje que el reloj administre la sucesión de los turnos

Cuando sus niños peleen por su atención completa, deje que el reloj determine el turno de cada uno. Esto le enseña a sus hijos a compartir, y les hace saber que cada uno tiene un turno para ser su objeto número uno de atención.

Ofrezca alternativas para no pelear

Permitir que las peleas se exacerben y estallen fuera de control no les enseña a sus hijos cómo llevarse bien. En vez de permitir que se formen batallas, dé a sus hijos una opción: pueden llevarse bien o pueden no llevarse bien. Diga: "Ustedes pueden llevarse bien y continuar jugando, o pueden no llevarse bien e irse a tiempo fuera". Acostúmbrelos a hacer elecciones, para darles el sentimiento de estar en control de sus vidas y para que aprendan a decidir por su cuenta.

Defina *llevarse bien*

Sea específico cuando elogie a sus hijos por jugar juntos con amabilidad; así tendras la certeza de que saben lo que significa *llevarse bien*. Diga: "Es estupenda la forma como están compartiendo y jugando juntos con amabilidad. Me alegra mucho que se estén llevando tan bien. Eso hace más divertido jugar juntos".

☞ *Lo que no debe hacer*

Reaccionar a las acusaciones

Los niños se acusan mutuamente como una forma de fortalecer su posición ante sus padres. Detenga este juego de quedar por encima de los demás, diciendo: "Siento que no se lleven bien" y fingiendo que la acusación nunca ocurrió. Incluso si ha sido denunciada una peligrosa actividad, usted puede detener la actividad y continuar sin tener en cuenta la acusación.

Incentivar un sistema de acusaciones entre sus hijos

Pedirle a su hijo mayor que venga y le cuente cuando su hija menor esté haciendo algo malo no es una buena forma de enseñar a sus hijos a llevarse bien sin acusar.

Molestarse porque sus hijos no se quieran entre sí todo el tiempo

Los niños no pueden vivir en la misma casa sin que exista *algo* de rivalidad. Esa es la naturaleza humana. Mantenga la fricción al mínimo al premiar el llevarse bien y al impedir que la rivalidad se convierta en una batalla.

Alimentar rencores

Cuando la disputa ha sido resuelta, no les recuerde a sus hijos que son enemigos. Haga borrón y cuenta nueva y ayude a sus hijos a hacer lo mismo.

Díaz en guerra

La guerra constante entre Camilo Díaz, de cuatro años, y su hermana Juliana, de dos años, conducía a los padres a preguntarse por qué se les ocurrió tener hijos. Por supuesto, los niños no apreciaban los sacrificios que hacían sus padres para comprarles ropa bonita, nuevos juguetes y buena comida.

Las burlas y los mordiscos eran los medios favoritos de Camilo para "darle su merecido" a la pequeña, cuando creía que estaba ganando mucho terreno en la atención y el tiempo de sus padres. El castigo físico obviamente no funcionaba, pues Camilo parecía querer que le gritaran y le dieran palizas cada vez que comenzaba a lastimar a su hermana.

El único momento en que la señora Díaz notó que su hijo era amable con su hermanita fue cuando le ayudó a cruzar un obstáculo en el camino de entrada a la casa. La señora Díaz estaba tan agradecida por esa pequeña muestra de cortesía que le dijo a su hijo: "Fue maravilloso que ayudaras a tu hermana. Estoy muy orgullosa de ti". Los Díaz decidieron alentar más actos casuales de gentileza al repartir alabanzas cuando sus hijos se llevaran bien y al reforzar una nueva regla cuando comenzaran a pelear.

Tuvieron la oportunidad de poner en práctica su nueva política ese mismo día, cuando comenzó una batalla por bloques de construcción, luego de volver de una salida. La señora Díaz no tenía idea de quién había comenzado la discusión, pero les dijo a los niños: "Niños, ahora pueden elegir. Como no sé quién le quitó al otro el juguete, pueden llevarse bien como hicieron hoy en el auto, o pueden ser separados en tiempo fuera".

Los dos niños no tuvieron en cuenta la declaración de la señora Díaz y continuaron peleando por los bloques. Pero ella se mantuvo firme en su promesa: "Ustedes dos eligieron irse a tiempo fuera".

Juliana y Camilo gritaron durante la mayor parte del tiempo fuera, pero una vez que se tranquilizaron y se les permitió levantarse de sus asientos, tuvieron diferentes expresiones en sus rostros durante el resto del día. Comenzaron a actuar como camaradas más que como enemigos, y la señora Díaz estaba satisfecha por no haberse salido de sus casillas cuando sus hijos lo hicieron.

Los Díaz continuaron elogiando el llevarse bien. Les prestaban menos atención a las peleas que percibían y usaban consistentemente el tiempo fuera para separar a los niños y reforzar las consecuencias de elegir la pelea.

Tomar las cosas de los demás

Como todo en el mundo le pertenece a un preescolar hasta que alguien le diga lo contrario, nunca es tarde para enseñarle a no tomar las cosas de otras personas a menos que usted se lo indique. Los padres son la conciencia de los niños hasta que ellos desarrollan la propia. Así que cada vez que su hijo tome algo que no le pertenece, refuerce las consecuencias que le ayudarán a desarrollar la conciencia de lo que está bien o mal.

Prevenga el problema

Establezca reglas

Anime a su hijo a decirle cuándo quiere alguna cosa, enseñándole a pedirla. Establezca qué puede o no puede tomar de los lugares públicos o de otras casas, y déjele saber lo que espera. La regla básica puede ser: "Tienes que preguntarme siempre si puedes llevarte alguna cosa antes de tomarla".

Resuelva el problema

☞ Qué hacer

Explique cómo tener cosas sin necesidad de robarlas

Su hijo no comprende por qué no puede tomar cosas cuando las quiere. Haga que tome conciencia de la conducta correcta o incorrecta diciéndole: "Tienes que pedirme una pastilla de chicle antes de sacarla de la caja. Si te digo que sí, puedes tomar la caja y esperar a abrirla cuando la paguemos".

Explique lo que significa *robar*

Asegúrese de que su hijo entienda la diferencia entre pedir prestado y robar (y los resultados de cada una de estas acciones), para tener la certeza de que sabe lo que usted quiere decir con "No debes robar". Robar es tomar algo sin el permiso de su dueño; prestar es pedir algo y obtener el permiso de su dueño antes de tomarlo.

Haga pagar a su hijo por robar

Para ayudarle a darse cuenta del costo de robar, haga que su hijo compense el robo al realizar trabajos aburridos en la casa o al hacerle renunciar a una de sus más preciadas posesiones. Por ejemplo, diga: "Siento que hayas tomado algo que no te pertenece. Por haber hecho eso, debes entregar algo que te pertenezca". La posesión a la que renunciará podrá ser devuelta muchos meses después, como premio por una buena conducta.

Obligue a su hijo a devolver lo robado

Enseñe a su hijo que no puede conservar algo que ha robado. Refuerce la regla de tener que devolver lo robado él mismo (con su ayuda, si es necesario).

Imponga el tiempo fuera

Cuando su hijo tome algo que no le pertenezca, déjele saber que debe ser aislado de las personas y las actividades por haber roto la regla. Diga: "Siento que hayas tomado algo que no es tuyo. Tiempo fuera".

☞ *Lo que no debe hacer*

Evite ser un historiador

No le recuerde a su hijo el incidente del robo. Recordar el pasado sólo revivirá la memoria de la mala conducta y no le enseñará cómo evitar ese error en el futuro.

Etiquetar a su hijo

No llame a su hijo "ladrón", ya que podría llegar a comportarse de acuerdo con la etiqueta que se le pone.

Preguntar a su hijo si se ha robado algo

Preguntar sólo anima a mentir. Él se dirá a sí mismo: "Sé que me van a castigar. ¿Por qué no mentir para evitar el sufrimiento?"

Dudar si debe registrar a su hijo

Si sospecha que su hijo ha robado algo, verifique registrándolo. Y si descubre que ha robado, asegúrese de reforzar las consecuencias. Por ejemplo, diga: "Siento que hayas tomado algo que no te pertenece. Ahora, debes pagar por eso".

El pequeño ladronzuelo

Sandra y Diego Ruiz nunca rompieron la ley ni fueron a la cárcel, y no querían que a su pequeño hijo de cuatro años, Simón, lo encerraran, pero si continuaba robando chicles, dulces, juguetes y otros objetos que llamaban su atención al ir de compras con sus padres, ellos dudaban si tendría un futuro fuera de la prisión.

"¿No sabes que robar está muy mal?", gritaba la señora Ruiz a su hijo cuando lo agarraba con las manos en la masa. También le dio palmadas en las manos y le dijo que era un niño malo, pero eso tampoco sirvió para nada. Se volvió temerosa de salir con su hijo y le aterraba tanto la vergüenza por la conducta del niño como sus propios sentimientos cuando castigaba a su hijo.

Simón era completamente inconsciente de las razones por las cuales robar estaba prohibido. No entendía por qué no era divertido tomar cosas que no le pertenecieran. Así que los Ruiz decidieron explicarle la situación en términos que pudiera entender.

"Simón, no puedes tomar cosas por las que no hayas pagado", comenzó a decir el señor Ruiz. "Tienes que avisarme cuando quieras una caja de chicles. Si te digo que sí, puedes tomar la caja y sostenerla hasta que la paguemos. Practiquemos". Simón estaba encantado de hacer el favor, porque ahora, cuando pedía una caja de chicles, como establecía la regla, su mamá o su papá lo elogiaban por seguir las reglas y pagar la caja.

Pero los Ruiz no siempre decían que sí a los pedidos de Simón. Así que cuando trató de arreglárselas al tomar una barra de chocolate sin primero pedirle a su mamá que la pagara, la señora Ruiz reforzó la segunda regla, haciendo que pagara por el robo: "Por haber tomado esa barra de chocolate", le dijo cuando se devolvían al almacén, "tendrás que regalar ese juguete de chocolate que tienes en casa".

A pesar de las protestas de Simón, la señora Ruiz retiró el amado juguete. "Para ganarlo de nuevo", le explicó, "tendrás que seguir las reglas de preguntar antes y no tomar nada que no se haya pagado antes".

Después de muchas semanas de elogiar a Simón por seguir las reglas, la señora Ruiz le devolvió su juguete de chocolate, y los dos papás comenzaron a sentirse más seguros sobre el futuro lleno de vitalidad de su pequeño hijo.

Decir insolencias

Cuando las insolencias (el sarcasmo, las réplicas impertinentes y los comentarios desagradables) salen a borbotones de la angelical boca de su niño preescolar, usted se vuelve terriblemente consciente de su capacidad para aprender palabras (buenas o malas) y para dominar el mundo con ellas. Al igual que otras formas de lenguaje, las insolencias sólo se aprenden cuando se observa su uso. Entonces, limite las oportunidades para que su hijo escuche palabras desagradables. Vigile los programas de televisión, su propio lenguaje y el de los amigos de la casa.

Prevenga el problema

Explique a su hijo la forma como quiere que le hable

Enseñe a su hijo cómo usar el lenguaje que usted quiere escuchar. Diga *gracias*, por *favor*, lo *siento* y otras palabras de cortesía. Haga que su hijo use las palabras que usted le ofrece como modelo. Recuerde que los preescolares son los más grandes imitadores del mundo.

Establezca lo que significa el lenguaje grosero

Para reaccionar con equidad a la crecientemente diversificada conducta verbal de su preescolar, usted debe determinar cuándo su hijo es insolente o dice algo grosero. Por ejemplo, el sarcasmo, los insultos, la gritería y las negativas desafiantes son ejemplos de contestar mal. Negativas tan simples como "No quiero hacerlo" son lloriqueos. Preguntas como "¿Tengo que hacerlo?" son expresiones de opinión.

Asegúrese de que su hijo entiende lo que usted quiere decir por *insolencias*.

Esté pendiente del lenguaje de los amigos, del suyo y del de los medios de comunicación

Limite la exposición de su hijo al lenguaje insolente mediante una vigilancia minuciosa sobre las palabras que se deslizan de su boca. También debe controlar a los amigos, colegas, miembros de la familia y los dibujos animados de la televisión. Lo que entra en los oídos de los preescolares sale por sus bocas.

Resuelva el problema

☞ *Qué hacer*

Gaste las palabras

El uso excesivo de una palabra reduce su poder. Por tanto, ayude a su hijo a hastiarse de usar una palabra ofensiva al hacer que la repita (durante un minuto por cada año de edad). Diga: "Siento que hayas usado esa palabra. Voy a programar el reloj. Tienes que repetir esa palabra hasta que suene el timbre". Cuando la palabra esté gastada, él se inclinará a usarla menos cuando se presente la oportunidad.

No le preste atención a las insolencias

Preste la menor atención posible a las insolencias inofensivas. Fingir que el suceso nunca ocurrió suprime el poder de la insolencia sobre usted. El juego deja de ser interesante si usted no reacciona ante él.

Elogie el buen hablar

Deje saber a su hijo cuál es el tipo de lenguaje que usted prefiere que use al elogiar el empleo de expresiones aceptables. Diga: "Me gusta que respondas amablemente cuando te pregunto algo, como practicamos. Eso me hace sentir muy bien".

☞ *Lo que no debe hacer*

Iniciar un juego de poder

Cuando observe que las insolencias se convierten en una estrategia de su hijo para tener poder sobre usted, no emplee insolencias para responderle. Él puede encontrar formas divertidas para entretenerse al ver cómo la saca de quicio o llama su atención si es grosero, conducta que usted no quiere promover.

Enseñar insolencias

Responder con gritos a su hijo sólo le muestra cómo gritar. Aunque resulte difícil no gritar cuando le están gritando, enseñe a su hijo cómo ser respetuoso al respetarlo a él. Sea cortés con su hijo, como si fuera un huésped en su casa.

Castigar las insolencias

En el peor de los casos, las insolencias son irritantes. No existe evidencia que sostenga que los niños se conviertan en personas respetuosas mediante el castigo por su falta de respeto. A través del castigo sólo se transmite miedo, no respeto.

La insolencia de Carlos

Cada vez que la señora Martínez le pedía a su hijo de cuatro años, Carlos, que hiciera cosas como ordenar sus juguetes o guardar la mantequilla de maní, el niño gritaba: "¡No! ¡No te quiero! ¡No lo haré!" Carlos se acostumbró tanto a ser insolente y a decir groserías, que cada vez que se le hacía cualquier pregunta gritaba con enojo una respuesta, como si hubiera olvidado por completo cómo responder amablemente.

"¡Ninguno de mis hijos me habla así!", gritaba la señora Martínez a su hijo. Desafortunadamente, las insolencias de la señora Martínez causaban más escándalo en la familia. Cuando los Mar-

tínez se dieron cuenta del sarcasmo que adoptaban y de las griterías que ellos mismos comenzaban, comprendieron que le estaban enseñando esas mismas conductas a su hijo, así que se esforzaron por reaccionar con calma a las insolencias de Carlos y a elogiar sus respuestas amables.

Un día le pidieron a Carlos que guardara sus juguetes en la caja. Cuando él respondió con mucha calma: "Está bien", ellos replicaron: "Es maravillosa la amabilidad con que has contestado".

Para los Martínez no fue difícil controlar su enojo. A medida que los gritos y las impertinencias de Carlos se volvían menos frecuentes, ellos pretendían no haberlos escuchado. Pero cuando Carlos siguió repitiendo una y otra vez "idiota" para llamar la atención, los Martínez decidieron sentar a Carlos a gastar la palabra.

"Vas a repetir la palabra idiota durante cuatro minutos", le ordenaron. Su hijo repitió la palabra durante dos minutos y luego no volvió a emplearla más. Para deleite de sus padres, fue la última vez que la utilizó.

Las rabietas

Millones de preescolares normales y amorosos arman rabietas como una forma de manifestar su frustración y rabia, o para decirle al mundo que ellos también pueden ejercer poder. Esas rabietas pueden evitarse o volverse menos frecuentes al no conceder audiencia al ejecutante, y al no ceder a sus demandas. Aunque usted quiera rendirse o arrastrarse bajo la caja registradora más próxima cuando su hijo arma una rabieta en público, sea paciente hasta que termine y elogie su recuperación del control cuando se haya calmado.

Nota: Los gritos comunes y periódicos no son rabietas y deben ser manejados en forma distinta. Busque ayuda profesional si su hijo arma más de dos o tres rabietas por día.

Prevenga el problema
Enseñe a su hijo a manejar la frustración y la ira

Muestre a su hijo cómo los adultos como usted encuentran otras formas para arreglárselas en vez de gritar o llorar. Por ejemplo, cuando se le queme la comida, en vez de arrojar la olla a la basura, diga: "Estoy enojada, mi amor, pero puedo manejarlo. Voy a buscar la forma de arreglar este desastre y cocinar otra cosa para la cena". Sin tener en cuenta la situación, enseñe a su hijo a buscar soluciones al problema en lugar de enojarse al respecto.

Elogie la capacidad para sobrellevar los problemas

Pesque a su hijo portándose bien. Por ejemplo, elógielo por pedirle ayuda para armar juntos un complicado rompecabezas que lo frustraría si no logra completarlo. Diga: "Me encanta que me pidas ayuda en lugar de enojarte con el rompecabezas". Ayudarle en forma calmada a su hijo a manejar la frustración y la ira le permite sentirse bien consigo mismo. Lo sorprenderá repitiendo técnicas de solución de problemas cuando sabe que será elogiado por eso. Manifiéstele que entiende su frustración, al decirle: "Sé cómo te sientes cuando las cosas se ponen difíciles, y estoy muy orgullosa de ti por ser capaz de resolver los problemas con calma".

No permita que el tiempo de juego sea sinónimo de soledad

Preste atención a su hijo cuando juega adecuadamente con sus juguetes; así él no tendrá que recurrir a jugar inadecuadamente para llamar su atención.

No espere una invitación

Si usted observa que se avecinan problemas en el juego de su hijo o a la hora de comer, no deje que se cocinen por mucho tiempo. Si nota que la situación es difícil o frustrante para él, diga: "Apuesto a que esta pieza del rompecabezas va aquí" o "Hagámoslo en esta forma". Muéstrele cómo funciona el juguete o la forma cómo se come un alimento, y permita que *él* termine la tarea para que se sienta bien con su disposición a permitir que otros le ayuden.

Resuelva el problema

☞ *Qué hacer*

Evite darle importancia a las rabietas de su hijo

No haga nada con, para o a su hijo mientras él esté en plena función.

Enséñele que las rabietas no son un camino para llamar su atención o para que se cumplan sus exigencias. Claro, ¿pero cómo no se tiene en cuenta un tornado cuando gira alrededor de una habitación? Aléjese de él mientras dure la rabieta, dele la espalda, enciérrelo en su habitación o enciérrese usted. Si se vuelve destructivo o genera peligro, tanto para él como para los demás, enciérrelo en un lugar seguro. Ni siquiera le dirija la mirada durante este aislamiento. Aunque es difícil alejarse, ocúpese en otra habitación de la casa o en otra actividad si está en público.

Trate de permanecer firme

A pesar del poder de los gritos y el escándalo de su hijo, asegúrese de conservar el control al permanecer ceñido a la regla. Dígase que es importante para su hijo aprender que no puede tener todo lo que quiera. Su hijo está aprendiendo a ser realista, y usted está aprendiendo a ser consistente y a fijarle los límites para lo aceptable y lo inaceptable.

Permanezca tan calmado como pueda

Dígase: "Esto no es gran cosa. Si puedo permanecer controlado, le enseñaré a mi hijo a controlarse. Él trata de enojarme pero no va a lograrlo". Conservar la calma mientras no hace caso de su rabieta es el mejor modelo para él cuando está enojado.

Elogie a su hijo

Cuando el fuego de la rabieta queda reducido a cenizas, elogie inmediatamente a su hijo por recuperar el control, y emprendan un juego favorito juntos o una actividad que no resulte frustrante para ninguno. Diga: "Me alegra que te sientas mejor. Te amo, pero no me gusta que llores o grites". Si este es el único comentario que usted profiere sobre las rabietas, esa reacción le ayudará a su hijo a entender que lo que usted no tuvo en cuenta fue la rabieta y no a él.

Explique los cambios en las reglas

Si usted y su hijo se encuentran en un almacén y él le pide un juguete que antes estuvo prohibido, usted puede cambiar de decisión, pero también tiene que cambiar el mensaje. Diga: "¿Recuerdas cuando estuvimos aquí antes y armaste una rabieta? Si te portas amablemente y permaneces junto a mí, decidiré si puedes tener el juguete". Esto le ayudará a entender que no fue la rabieta lo que le hizo cambiar de decisión; usted le va a comprar el juguete por otra razón. Si quiere, explíquele por qué cambió de decisión, especialmente si incluye un elogio por su buena conducta.

☞ *Lo que no debe hacer*

Razonar o explicar durante la rabieta

Tratar de razonar con su hijo *durante* la rabieta es una pérdida de tiempo. A él no le interesa; se encuentra en medio de un espectáculo donde él es la estrella. Cualquier diálogo en este momento sólo alienta la rabieta porque el niño obtiene la audiencia que desea.

Armar usted una rabieta

Dígase: "¿Por qué debo salirme de casillas? Sé que cuando digo no, lo digo por una razón". Perder la calma sólo alienta a su hijo a mantener activo el fuego, y le muestra que no necesita aprender a controlarse.

Restarle importancia a su hijo

El hecho de que su hijo posea un humor propenso a las rabietas no significa que es una mala persona. No le diga: "¡Niño malo! ¿No estás avergonzado de ti mismo?" Su niño puede perder el respeto por sí mismo y sentir que no merece lo que quiere.

Evite ser un historiador

No le recuerde a su hijo la rabieta más tarde. Eso sólo le concede más atención a esa conducta e incrementa las oportunidades para armar otra rabieta, sólo para volver a ser el centro de su conversación.

Cobrarle a su hijo las rabietas

No tener nada que hacer con él después de la rabieta sólo incita al niño a armar más rabietas para ganar su atención. No le envíe mensajes que lo lleven a pensar que no es amado o que es indeseado por el comportamiento que tuvo.

La hora de la rabieta

Daniel y Luisa Delgado estaban preocupados por su hija de dos años, Amanda, quien sufría un ataque de "rabietitis" cada vez que le negaban una galleta cuando la pedía antes de la cena. Cuando los padres decían "No", ella decía "¡Sí!" y halaba la manga del pantalón de su padre, antes de saltar en el piso de la cocina hasta que los consternados padres quedaban tan exhaustos que se rendían.

En medio de su frustración, los Delgado pensaron que tal vez estaban actuando mal. ¿Era tan terriblemente malo decir no a las peticiones de Amanda? Finalmente, sucedió que las rabietas de Amanda se volvieron más frecuentes cada vez que le decían que no. También notaron que rendirse ante el incontrolable deseo de la niña por la galleta antes de la cena sólo alentaba su mal comportamiento.

La siguiente ocasión en que Amanda armó una rabieta, ellos estaban listos con otra estrategia. En vez de decir: "No", Luisa dijo fríamente: "Amanda, sé que quieres una galleta, pero no la tendrás hasta que te portes bien y termines la cena".

La niña no detuvo su rabieta, pero sus padres simplemente se alejaron, dejándola sin espectadores para su gran actuación. Aunque resultaba duro permanecer lejos de los berridos de su niña, los Delgado esperaron hasta que su hija se calmara antes de volver a la cocina. Sin recibir atención física o verbal alguna, Amanda finalmente dejó de dar aullidos y esperó para ver si sus padres cumplían lo que prometieron.

Su padre volvió, luciendo una sonrisa, y dijo: "Amanda, sé que quieres esa galleta ya mismo, pero cuando hayas cenado y estemos listos para el postre, entonces podrás tener tu galleta. Me alegra que no grites y llores ahora. Es muy bueno ver cómo te controlas a ti misma". Amanda cenó con calma y, como le fue prometido, recibió una galleta.

Los Delgado se felicitaron a sí mismos más tarde por el auto-control que mostraron al no rendirse ante la rabieta de su hija. Aunque después se vieron tentados a rendirse, siguieron alejándose de la niña cuando armaba sus rabietas, y la elogiaban cada vez que reaccionaba con calma cuando se le negaba algo. La frecuencia de las rabietas disminuyó hasta el punto en que Amanda sólo gritaba de vez en cuando si se veía frustrada, pero dejó de armar las explosivas escenas a las que estaba acostumbrada.

Accidentes de baño

El entrenamiento para ir al baño es la batalla de poderes más grande que tienen que enfrentar los padres y los preescolares. La guerra estalla cuando los padres piden a su retoño, amante de la libertad, que renuncie a algo que le es natural para comenzar a hacer algo nuevo y, con frecuencia, indeseado. Para la mayoría de los niños, lo que resulta deseable en el entrenamiento para ir al baño es satisfacer a sus padres. Entonces, promueva la menor propensión a tener posibles accidentes de entrenamiento al prestar más atención a lo que su hijo *debe* hacer (mantener sus pantalones secos, ir al baño) que a lo que su hijo no debe hacer (hacerse en los pantalones). Ayude a su hijo a sentirse orgulloso de sí mismo mientras usted disminuye la probabilidad de que tenga un accidente para intentar ganar su atención y reacción.

Nota: Si su hijo continúa teniendo accidentes por no ir al baño después de los cuatro años, busque ayuda profesional. Este capítulo no aborda el tema de las orinadas nocturnas en la cama, porque muchos preescolares simplemente no están desarrollados suficientemente para permanecer secos durante toda la noche. Muchos investigadores autorizados creen que después de los seis años las orinadas nocturnas en la cama pueden considerarse un problema que requiere ayuda profesional.

Prevenga el problema

Busque los signos que indican que su niño está listo (alrededor de los dos años)

Los signos para saber que los niños están preparados incluyen la propia conciencia sobre el hecho de que están orinando o defecando (o que están a punto de hacerlo); patrones más regulares y predecibles de eliminación; la capacidad para bajarse los pantalones y sentarse en la taza (y hacer lo opuesto); la habilidad para comprender la terminología y seguir instrucciones simples; el interés en el proceso de saber ir al baño y la aversión general hacia tener un pañal sucio.

No enseñe muy temprano

El entrenamiento temprano simplemente le enseña a los niños a depender más de sus padres que de su propia habilidad para hacer sus necesidades por sí mismos. Los niños que son forzados a aprender antes de estar listos se toman más tiempo para manejar su propia forma de ir al baño.

Enseñe la conducta adecuada para ir al baño

Familiarice a su hijo con la bacinilla, y cómo usarla, al mostrarle cómo va usted al baño (y cómo debe hacerlo él cuando esté listo).

Tenga lista, tanto como sea posible, la bacinilla para cuando su hijo la necesite

Conserve la bacinilla en la cocina, por ejemplo, durante el periodo de entrenamiento para usarla. Conserve la bacinilla con usted en las etapas tempranas, para que su hijo se sienta cómodo al usarla fuera de casa.

Elija un procedimiento para el entrenamiento y apéguese a él

Hay muchos recursos disponibles (libros, discos, videos) para ayudarle con el entrenamiento para ir al baño. Encuentre uno que le parezca aceptable y siga consistentemente los métodos recomendados. ¡La consistencia y la paciencia son las claves del éxito!

Resuelva el problema

☞ *Qué hacer*

Premie el hecho de permanecer seco y de ir al baño correctamente

Enseñe a su hijo a mantenerse seco, explicándole lo agradable qué es permanecer así. Esto eleva su conciencia de lo que usted espera de él (permanecer seco). Cerca de cada quince minutos, diga a su hijo: "Mira tus pantalones. ¿Están secos?" Esto le da a él la responsabilidad de revisar por sí mismo si está seco, lo cual lo hace sentir más en control del proceso. Si está seco, dígale que usted se alegra. Diga: "Qué bueno que estés seco".

Recuerde a su hijo la regla de no "ir al baño" en sitios equivocados

Muchos preescolares ocasionalmente hacen sus necesidades en un sitio inadecuado (afuera, por ejemplo). Cuando su hijo tenga esa experiencia, recuérdele que la regla es: "Se supone que lo hagas en la bacinilla. Practiquemos". Entonces, proceda a practicar los procedimientos correctos para hacer las necesidades.

Reaccione con calma ante los accidentes

Si su hijo está mojado, diga: "Siento que estés mojado. Ahora, debemos practicar cómo estar secos". Entonces, practique ir diez veces al baño desde distintas zonas de la casa (pantalones abajo, sentarse en la taza, pantalones arriba. Entonces, repita estos pasos desde otro sector de la casa). En la práctica, no es necesario que su hijo tenga que orinar o evacuar, sino simplemente que siga los movimientos correctos cuando se va al baño.

Use la regla de la abuela en público

Cuando su hijo quiera ir al baño y sólo desee hacerlo en *su propia* bacinilla cuando están en un lugar público, use la regla de la abuela. Diga: "Necesitamos estar secos. Una bacinilla es igual a otra. No podemos usar tu bacinilla porque no está aquí. Cuando hayas usado esta bacinilla, podremos ir a pasear al zoológico". Si lo prefiere, lleve la bacinilla, de su hijo con usted.

☞ *Lo que no debe hacer*

Castigar por los accidentes

El castigo sólo le da atención a su hijo por hacerse en los pantalones (o en otro sitio equivocado). No le enseña cómo permanecer seco.

Evite hacer la pregunta equivocada

Pedir a su niño: "Mira tus pantalones", incrementa su propia conciencia y lo pone a cargo de la situación. Es un buen sustituto para la pregunta: "¿Necesitas la bacinilla?", que se responde generalmente con un "No". Ayude a su hijo a sentirse responsable de revisar si está seco y hacer lo que corresponda.

Los "accidentes" de Karen

Apenas los preescolares salieron a las vacaciones de verano, Karen Corredor, de tres años y medio, comenzó a olvidar más que sus recuerdos de números y letras. Sus ocasionales accidentes indicaban que estaba esperando mucho tiempo antes de ir al baño. La señora Corredor observaba su "danza" cuando hacía esfuerzos por evitar ir al baño.

Karen descubrió que podía aliviar la presión física de tener que ir al baño al soltar sólo una pequeña cantidad de orina en sus pantalones. Cuando su madre la regañaba o le daba palmadas por mojar sus pantalones, Karen podía discutir que sólo había sido "un poquito". La señora Corredor comprendió que Karen quería un poco más de atención con sus accidentes; ¿por qué otra razón recalcaba que sólo estaba "un poquito" mojada?

Después de analizar la situación, el señor y la señora Corredor decidieron reinstaurar la rutina de entrenamiento para usar el baño que usaron el año pasado, y comenzaron a elogiar los pantalones secos de Karen en lugar de enojarse cuando los tenía mojados. "Revisa tus pantalones, Karen. ¿Están secos?", dijo la señora Corredor la mañana siguiente después del desayuno. Estuvo tan encantada como Karen cuando respondió felizmente: "¡Sí!" con una amplia sonrisa.

"Gracias por permanecer seca, dulzura", le dijo su madre, dándole un abrazo a su hija al mismo tiempo. "¡Podemos conservarlos secos todo el día!"

Después de algunos días de pedirle periódicamente a Karen que revisara sus pantalones (Karen siempre los encontraba secos), la señora Corredor pensó que el problema había quedado atrás, hasta el día siguiente, cuando la niña se mojó otra vez. "Practiquemos diez veces con la bacinilla, le dijo a su abatida hija, que parecía muy decepcionada porque su madre no la elogiara como cuando tenía los pantalones secos.

Karen aprendió pronto que sería más fácil ir a la bacinilla y recibir una alabanza por tener los pantalones secos, que lo que representaba tener que practicar diez veces. Continuó conservando sus pantalones secos durante muchos meses.

Durante el año siguiente, el señor y la señora Corredor elogiaban a su hija y ocasionalmente le recordaban permanecer seca. Mantuvieron en mente que Karen tuvo que reafirmar nuevamente la forma correcta de ir al baño, algo que sus padres le ayudaron a lograr en lugar de sentirse enojados y frustrados cuando se mojaba los pantalones.

Problemas para viajar

Para la mayoría de los adultos, los viajes de vacaciones representan un cambio de ritmos, escenarios y rutinas cuando se abandonan los cuidados de la casa a cambio de la vida apacible y libre. Para muchos preescolares, en cambio, viajar puede ser cualquier cosa menos vacaciones. Los más pequeños crecen en la sensación de seguridad que les ofrecen juguetes familiares, camas y comidas, así que trate de evitar la necesidad de pasar otras vacaciones lejos de su hijo al asegurarse de contarle que algunos de sus juguetes favoritos (juegos, mantas, ropa) estarán a la mano y que él formará parte de la diversión. Las comodidades de la casa están ausentes cuando viaja; entonces, explíquele a su niño cómo lidiar con el cambio y cómo disfrutar nuevas experiencias, dos tareas que serán más fáciles si usted cuenta con un alumno feliz e interesado, que se siente seguro en los nuevos alrededores.

Nota: Recuerde que los niños que no están abrochados con seguridad pueden crear una peligrosa distracción para quien conduce. Si el auto llega a detenerse de repente, los niños pueden salir disparados a la misma velocidad que llevaba el vehículo. Pueden golpearse contra algo en su camino (el tablero de mandos, el parabrisas o la parte trasera de los asientos delanteros) y recibirían un impacto equivalente a una caída desde un primer piso, por cada diecisiete kilómetros por hora de velocidad del auto aproximadamente. Incluso, aunque el tablero de mandos o la parte trasera de los asientos delanteros tengan relleno, el impacto de un golpe a una velocidad de cuarenta a cien kilómetros por hora, aproximadamente, puede ser fatal. Además, su hijo *nunca* debe sentarse en el asiento delantero del vehículo, incluso cuando viaja en asientos de seguridad o con el cinturón de seguridad. Siempre abróchelo con seguridad en el asiento trasero y en los asientos de seguridad aprobados (ver pág. 163 para más información sobre asientos de seguridad en los autos).

Prevenga el problema

Revise el asiento del automóvil y sus limitaciones antes de viajar

Las medidas de seguridad que tome antes de viajar pueden determinar cuán relajado estará respecto a sus hijos cuando partan. No espere hasta el último minuto para encontrar que debe postergar el viaje porque le falta un artículo esencial: el asiento de seguridad.

Practique la regla

Antes de que usted y su hijo partan para un largo viaje, haga algunos ensayos para que su hijo pueda pasar del entrenamiento básico a lo real. Elogie la postura adecuada en el asiento o el uso del cinturón de seguridad durante la práctica, para mostrarle a su hijo que permanecer en el asiento en la forma correcta genera recompensas.

Establezca reglas para viajar en el auto

Instaure la regla que consiste en que el automóvil no se mueve hasta que cada uno esté asegurado en su asiento. Diga: "Siento que no te hayas abrochado el cinturón de seguridad. El auto no puede moverse hasta que lo hagas". Prepárese a esperar hasta que los pasajeros cumplan con su regla antes de partir.

Suministre juguetes apropiados para el auto

Asegúrese de llevar juguetes que no dañen la ropa ni la tapicería. Los lápices de colores estarán bien, pero no se aconsejan los marcadores porque manchan permanentemente la ropa y la tapicería. Si está usando el transporte público, promueva actividades tranquilas, que puedan emprenderse en espacios controlados y que puedan captar la atención de su hijo por largos periodos.

Familiarice a su hijo con sus planes de viaje

Comparta con su hijo los planes de viaje para que él pueda saber por cuánto tiempo se ausentará, qué pasará con su habitación cuando no esté y cuándo regresará. Muéstrele mapas y fotos de su destino. Hable con él sobre las personas y paisajes que conocerá, y los acontecimientos que presenciará. Comparta historias personales y recuerdos de viajes anteriores a ese sitio. Si su hijo se muestra ansioso respecto al viaje a un sitio desconocido, compare ese destino con uno que le sea familiar.

Involucre personalmente a su hijo como viajero

Permita a su hijo participar en la preparación y ejecución del viaje. Cuente con su ayuda para empacar su ropa, escoger juguetes para llevar, cargar la bolsa de las compras, permanecer junto a usted en la terminal, etcétera.

Establezca reglas de conducta para viajar

Antes de partir, explique a su hijo cada regla especial para el viaje. Por ejemplo, usted puede establecer una regla para el ruido, otra para la exploración, una para la piscina y otra para las paradas en los restaurantes a lo largo del camino.

Resuelva el problema

☞ *Qué hacer*

Elogie el buen comportamiento

Elogie con frecuencia el buen comportamiento y ofrezca recompensas por permanecer seguros en los asientos. Por ejemplo, diga: "Me gusta la forma como miras los árboles y las casas. Realmente es un día muy hermoso. Pronto podremos bajar y jugar en el parque, porque has permanecido bien asegurado en tu asiento".

Detenga el auto si su hijo se ha salido de su asiento de seguridad o se ha desabrochado el cinturón de seguridad

Asegúrese de que su hijo se dé cuenta de que la regla del asiento será estrictamente cumplida, y de que las consecuencias serán las mismas cada vez que se viole la regla.

Practique juegos en el auto

Juegue a contar objetos, a reconocer colores, a ver animales y cosas por el estilo, para mantener a su hijo entretenido. Haga una lista de cosas divertidas para jugar antes de salir de casa. Cambie de juego cuando sea necesario; así conservará el interés de su hijo (y el suyo).

Deténgase con frecuencia para descansar

Su inquieto preescolar generalmente es más feliz cuando hay movimiento. Restringirlo durante horas a un auto, avión o tren es algo que no va con su espíritu aventurero. Si no quiere enfrentarse a una rebelión cuando menos la desea, ofrézcale tiempo para desfogarse en un parque del camino o en un sitio para descansar.

Controle los refrigerios en los viajes largos

Los comestibles con altos grados de azúcar o las comidas carbonatadas no sólo incrementan el nivel de actividad de los niños sino también la propensión a las náuseas. Escoja refrigerios con proteínas o con poca sal para mantener a los niños saludables y felices.

Acuda a la regla de la abuela

Deje saber a su hijo que la buena conducta en los viajes trae recompensas. Por ejemplo, si su niño ha estado quejándose porque quiere una bebida, diga: "Cuando te sientes bien en tu asiento y hables sin quejarte, nos detendremos y podrás tomar algo".

☞ *Lo que no debe hacer*

Permitir que su niño pequeño viaje en el asiento delantero

Sin importar cuánto fastidien o supliquen por sentarse junto a mamá o papá en el asiento delantero, jamás debe permitírseles a los niños sentarse allí, ni siquiera durante el más corto de los trayectos. El sitio más seguro para los preescolares es atrás y abrochados en el asiento de seguridad del auto.

Hacer promesas que no va a cumplir

No sea muy específico sobre lo que su hijo va a ver en los viajes, ya que él puede cobrarle eso. Por ejemplo, si usted le promete que verá un oso en la reserva natural y no lo ve, cuando abandonen la reserva lo oirá quejarse con frases como: "Pero tú me *prometiste* que vería un oso".

Guerras en el auto

Jeremías y Andrea Sterling querían llevar a sus hijos a unas vacaciones parecidas a las que ellos disfrutaron cuando eran jóvenes; pero viajar con Carolina, de tres años, y con Rodrigo, de cinco, fue más parecido a un castigo que a un delicioso paseo.

El asiento trasero del auto se convirtió en una zona de guerra, y los gritos de los niños acarreaban amenazas y palmadas con frecuencia, pero los castigos no parecían ayudar. Los Sterling, quienes se sentían tan molestos después de los castigos como antes de ellos, estaban a punto de perder las esperanzas de encontrar una solución para sus problemas de viaje.

Finalmente, decidieron crear nuevas reglas para viajar. Consi-guieron juguetes que sus hijos podrían usar sin necesidad de supervisión, explicaron la nueva política para los viajes en auto y pusieron a prueba las nuevas reglas en viajes cotidianos a la tienda, al parque y a las casas de sus amigos. "Niños", comenzaron, "iremos a la tienda. Si permanecen sentados en sus asientos de seguridad y nos hablan con amabilidad a lo largo del camino, cada uno podrá escoger su jugo favorito".

Los Sterling elogiaron a sus hijos por seguir inicialmente la regla. "Gracias por permanecer tan tranquilos. Nos gusta ver que no se quejan ni se hacen daño uno al otro". Pero finalmente el plan falló, y los niños no recibieron ningún beneficio. No obstante, sólo se necesitaron dos pruebas más para que los niños se comportaran amablemente y siguieran las reglas del auto durante un viaje entero. Recibieron elogios por sus esfuerzos y fueron premiados por su buena conducta.

Dos semanas más tarde, la familia Sterling emprendió un trayecto de dos horas hasta la casa de la abuela, el viaje más largo en el auto desde que habían comenzado las sesiones de práctica. Los niños comprendieron lo que se esperaba de ellos y sabían de las recompensas que les esperaban a lo largo del camino y cuando llegaran a su destino. Esto hizo que viajar sobre el río y entre los bosques fuera más divertido para todos.

Alejarse en público

Los preescolares son curiosos y hacen listas mentales de cosas para ver y hacer en los centros comerciales, las tiendas y otros sitios, como también lo hacen sus padres. Los niños piensan que sus listas tienen prioridad, y el caos surge cuando sus listas no coinciden con las de sus padres. Sin embargo la seguridad de su hijo tiene prioridad sobre su curiosidad en situaciones peligrosas (no atravesarse en la vía de los carros, no tropezar con los peatones o los carritos del supermercado, por ejemplo), así que usted debe reforzar las reglas para el comportamiento en público a pesar de sus protestas. Convierta el hecho de estar junto a usted cuando salgan en una costumbre para su hijo, hasta que pueda confiar en que ya sabe lo que es y lo que no es peligroso, una distinción que él tendrá que aprender de usted.

Nota: Para que su hijo adopte el hábito de permanecer junto a usted en público, el énfasis debe recaer en prevenir cualquier distracción. Cuando su hijo se ha desprendido de su lado en público, lo único que queda por hacer es encontrarlo e impedir que se aleje de nuevo por una distracción.

Prevenga el problema
Establezca reglas para comportarse en público

En un tiempo neutral (antes, o mucho después de que se haya alejado), explíquele lo que espera de él en público. Diga: "Cuando estemos en el almacén, tienes que permanecer a un brazo de distancia de mí".

Practique con anticipación

Practique antes de salir de casa, para que su hijo sepa cómo seguir sus reglas. Diga: "Vamos a permanecer a una distancia de un brazo. Veamos por cuánto tiempo puedes estar cerca". Cuando él lo haga, diga: "Qué bien pudiste permanecer cerca. Gracias por no alejarte de mí".

Enseñe a su hijo a venir cuando lo llama

Durante un tiempo neutral, tome la mano de su hijo y diga: "Ven, por favor". Cuando él se acerque, dele un abrazo y diga: "Gracias por venir". Practique cinco veces diarias, antes de decir: "Ven, por favor", e incremente gradualmente la distancia de su niño respecto al sitio donde se encuentra usted, hasta que él pueda cruzar la habitación o la tienda.

Elogie el permanecer cerca

Valore el comportamiento de su hijo cuando permanece cerca de usted y elógielo cada vez que lo hace. Diga: "Qué bien permaneciste cerca" o "Has sido muy buen comprador al permanecer junto a mí".

Involucre a su hijo en las compras

Deje que el niño lleve un paquete o empuje su coche si es capaz. Esto le transmite la sensación de ser una parte importante de la salida, y se verá menos tentado a alejarse.

Cambie la regla a medida que su hijo cambia

A medida que su hijo madura y se vuelve capaz de alejarse brevemente y volver a su lado en un lugar público, como el supermercado, por ejemplo, usted puede cambiar la regla y permitirle hacer eso. Explíquele por qué le está concediendo más libertad. Saber que ganó más independencia por su buen comportamiento en público le permite comprender que seguir las reglas trae recompensas.

Sea firme y constante

No cambie las reglas para el comportamiento en público sin decirle primero a su hijo. Ser firme y constante le transmitirá a su hijo una sensación de seguridad. Ocasionalmente, sus restricciones producirán algunos lloriqueos y gritos, pero la red de seguridad que usted ha creado lo ayudará a sentirse protegido en un territorio extraño.

Resuelva el problema

☞ *Qué hacer*

Reprenda y emplee el tiempo fuera

Reprender a su hijo por no permanecer a su lado en los sitios públicos le enseñará el comportamiento que espera de él y lo que pasará si no sigue la regla. Cuando observe que se aleja, diga: "Por favor, permanece cerca. Debes estar junto a mí. Permanecer a mi lado te mantiene seguro". Si rompe la regla constantemente, reafirme la reprensión y póngalo en tiempo fuera en el asiento más próximo mientras usted permanece junto a él.

☞ *Lo que no debe hacer*

Permitir que su hijo le dicte su agenda

No amenace con volver a casa si su hijo no permanece a su lado. Volver a casa puede ser exactamente lo que él quiere, así que puede distraerse y alejarse precisamente para lograrlo.

Ir de compras más tiempo del que su hijo puede soportar

Algunos preescolares pueden seguir las reglas de permanecer cerca durante más tiempo que otros. Sepa cuál es el límite de su hijo. Su tolerancia puede ser de una hora; entonces, considere eso antes de salir de casa.

Quedarse quieto

El señor y la señora Sanmiguel no podían llevar más a su hijo de cuatro años, Matías, al centro comercial o a la tienda. Siempre se distraía y se perdía de vista cuando sus padres volvían la espalda. "¡Quédate aquí! ¡No te alejes nunca cuando estemos de compras!", le gritó la señora Sanmiguel a su hijo la última vez que desapareció tras un exhibidor de ropa femenina.

Su orden no tuvo efecto. Cuando salieron del almacén y caminaban hacia afuera del centro comercial, Matías corrió hacia la ventana de una vitrina, señaló hacia arriba y dijo: "¡Miren el tren! ¡Miren el tren!" La vitrina estaba fuera del alcance auditivo, lo que le produjo pánico a la señora Sanmiguel.

Se dio cuenta de la necesidad de establecer algunas reglas para evitar que su hijo desapareciera mientras estaba de compras. A la mañana siguiente, le explicó a su hijo la nueva regla antes de salir para la tienda, ya que ese era el sitio favorito de Matías para corretear fuera de su alcance. "Matías, tienes que permanecer a una distancia máxima de un brazo cuando estemos de compras", comenzó. "Si permaneces a esa distancia, podrás mirar las cosas con los ojos y no con las manos".

Durante su primer ensayo, Matías se perdió de vista en minutos. "Recuerda la regla", le dijo la señora Sanmiguel cuando finalmente lo alcanzó en el pasillo 3 y lo retuvo junto a ella. "Debes permanecer al alcance de mi brazo. Permanecer junto a mí te mantendrá seguro".

El chico actuaba como si no escuchara lo que ella decía y corrió hacia las amadas barras de granola. La señora Sanmiguel hervía en su interior pero permaneció tranquila en la superficie, y se dijo que la regla era nueva. Como con todas las reglas nuevas, ellos necesitaban practicar antes de seguirlas a la perfección. "Debes permanecer junto a mí porque eso te mantiene seguro", repitió. Entonces caminó con él hasta la esquina de las verduras y le volvió la espalda mientras permanecía cerca. Matías miró a su madre con furia en señal de protesta y gritó "¡No! ¡Quiero jugar! ¡Tú no me gustas!" Apenada pero inquebrantable, la señora Sanmiguel no tuvo en cuenta su arrebato. Decidió que si la reprimenda no resolvía el problema, pondría a su hijo en tiempo fuera para que comprendiera la regla.

Después de tres minutos (que a la señora Sanmiguel le parecieron tres horas), acogió a Matías con una sonrisa y repasaron la regla mientras terminaban de hacer las compras. Cuando Matías permanecía al alcance de su brazo, la señora Sanmiguel lo elogiaba: "Gracias por permanecer cerca, cariño. Me encanta que podamos hacer las compras juntos". Comenzaron a hablar de cereales y a planear cuáles comprarían para los desayunos de esa semana.

La señora Sanmiguel le recordó continuamente la regla a lo largo de las siguientes semanas, y rara vez tuvo que usar el tiempo fuera porque se divertían mucho con la nueva cercanía que había entre ellos.

Hacer lo que ellos quieren

Como la paciencia no es una virtud innata, los niños pequeños tienen que aprender el arte de esperar para conseguir lo que quieren. Puesto que es *usted* quien tiene la experiencia necesaria para saber qué es lo mejor para su preescolar, está mejor calificada para controlar cuándo el niño puede hacer lo que quiere y qué condiciones se requieren antes de que lo haga. Explíquele claramente estas condiciones. Por ejemplo, diga: "Sé que quieres más mezcla de pastel, pero no lo necesitas en este momento. Si esperas hasta que esté horneado, llegará el momento de recibir más".

Enséñele también que tener paciencia rinde frutos en la vida. Diga, por ejemplo: "Sé que me resulta algo molesto tener que esperar para comprar el nuevo comedor que quiero, pero también sé que si trabajo duro y ahorro suficiente, lo compraré más pronto". Su hijo se encuentra en el proceso de descubrir que el mundo no gira alrededor de sus deseos. No es muy pronto para comenzar a aprender cómo lidiar con este limitante hecho de la vida.

Prevenga el problema
Ofrezca un menú de actividades para que su hijo elija

Establezca condiciones que tienen que ser cumplidas antes de que su hijo pueda hacer las cosas a su manera, y sugiérale actividades que pueda emprender mientras espera lo que quiere. Por ejemplo, diga: "Cuando hayas jugado con tus lápices durante cinco minutos, entonces iremos donde la abuela".

Resuelva el problema

☞ *Qué hacer*

Motive el ser paciente

Recompense hasta el más pequeño signo de paciencia al decirle a su hijo cuánto le agrada que espere. Defina *paciencia* si piensa que tal vez no esté familiarizado con la palabra. Por ejemplo, diga: "Has sido muy paciente al esperar calmadamente por tu bebida mientras yo limpiaba el fregadero. Eso me demuestra cuánto has crecido". Esto le muestra a su hijo que él *puede* tener la capacidad para posponer sus deseos, incluso aunque él mismo no lo sepa todavía. También le permite sentirse bien consigo mismo, porque usted está complacida con su conducta.

Permanezca tan calmado como pueda

Si su hijo protesta por tener que esperar o por no tener lo que quiere a su manera, recuérdese a usted mismo que él está en proceso de aprender una invaluable lección para la vida: el arte de la paciencia. Al ver que usted es paciente, él aprenderá pronto que exigir no satisface sus deseos tan rápido como cuando él termina de hacer la tarea.

Acuda a la regla de la abuela

Si su hijo grita: "¡Vamos! ¡Vamos! ¡Vamos al parque!", usted simplemente debe establecer las condiciones que debe cumplir para satisfacer sus deseos. Sea positiva. Por ejemplo, diga: "Cuando devuelvas los libros al estante, entonces iremos al parque".

Evite el simple y llano *no*

Cada vez que resulte posible y seguro, dígale a su hijo que puede hacer las cosas a su manera. Evite hacerle sentir que sus deseos nunca serán satisfechos. Por ejemplo, diga: "Cuando te laves las manos, entonces recibirás una manzana". Algunas veces, por supuesto, usted tiene que decirle no a su hijo (por ejemplo, si quiere jugar con la cortadora de césped). En esas ocasiones, ofrezca alternativas de juguetes que satisfagan sus deseos y que muestren un sentido de negociación y flexibilidad de su parte.

☞ *Lo que no debe hacer*

Exigir que su hijo haga las cosas *ya*

Exigir a su hijo que haga algo inmediatamente contradice la lección que está tratando de enseñar. Si no quiere que le exija resultados instantáneos, no lo haga usted.

Premiar la impaciencia

No se rinda ante los deseos de su hijo cada vez que quiera hacer las cosas a su manera. Aunque puede ser tentador rendirse para evitar una batalla o una rabieta, ceder constantemente sólo refuerza la conducta impaciente y conduce a que los intentos por enseñarle a ser paciente sean un fracaso.

Darle a entender a su hijo que son sus exigencias las que conducen a la satisfacción de sus deseos

Aunque su hijo gima y se queje durante el tiempo de espera, asegúrese de que sabe que usted entró al auto porque estaba lista para hacerlo cuando terminó una tarea previa y no por sus gemidos ante la puerta. Diga: "Como ya terminé de lavar los platos, podemos irnos".

"¡Lo quiero ya!"

"¡Beber ya!", vociferaba la pequeña Emilia Rendolfini cada vez que tenía sed. Cuando observaba que su madre le daba un biberón a su nuevo hermanito, Justino, ella también quería uno, inmediatamente.

"No, estoy ocupada. ¡Tendrás que esperar!", le respondía su madre con ansiedad creciente al no entender que los bebés no saben esperar.

Emilia hacía tantas exigencias para que la alzaran o le dieran juguetes y bebidas, que la señora Randolfini comenzó a temer el momento en que Emilia entrara en la habitación cuando su madre estuviera ocupada en algo, especialmente en el cuidado del bebé. Cuando Emilia comenzó a alejar de Justino alimentos, bebidas, juguetes y mantas, y decía que eran "míos", su madre comprendió que tenía que resolver el problema. Estableció una nueva regla llamada la regla de la abuela, y se la explicó a Emilia: "Cuando hagas lo que te pida, entonces podrás hacer lo que quieras hacer. Esta es la nueva regla".

Esa tarde, Emilia insistió en tomar otra bebida diez minutos después de tomar la anterior. La señora Randolfini declaró con firmeza: "Cuando te pongas los zapatos, podrás recibir un poco más de jugo de manzana". Emilia estaba acostumbrada a escuchar "no", y entonces armaba una rabieta hasta que su mamá se daba por vencida; así que ignoró la nueva regla y continuó implorando: "¡Tengo sed!"

La rabieta no sólo no le trajo la bebida, sino que logró que su madre no la tuviera en cuenta. Finalmente, la frustrada niña se puso los zapatos para ver si hacer eso le ofrecía la atención (y le traía la bebida) que esperaba, pues ya los gritos no funcionaban. Se sintió sorprendida y encantada cuando comprobó que eso funcionaba.

Rápidamente, Emilia aprendió que su madre cumplía lo que decía, porque nunca se desviaba del cumplimiento de la regla de la abuela. Cuando la niña cumplía su parte del trato, la señora Randolfini elogiaba sus logros con comentarios como: "Me encanta que hayas levantado los platos de la mesa. Ahora, puedes salir a jugar".

La admiración de la señora Randolfini era sincera. Emilia apreciaba eso y se volvió más receptiva a las reglas de su madre, que *la señora Randolfini trataba de limitar al máximo. Como la familia aprendió a trabajar unida para satisfacer las necesidades de cada uno, comenzó a disfrutar del vivir con, y no a pesar de, los demás.*

Los lloriqueos

Tal como los adultos se ponen de mal humor ocasionalmente y sin razones comprensibles, los preescolares lloriquean y se ponen gruñones de vez en cuando, incluso aunque todas sus necesidades hayan sido satisfechas. Por lo general, esta conducta es resultado del deseo de recibir atención o de querer hacer las cosas a su manera. Aunque resulte difícil, no tener en cuenta los lloriqueos contribuye a reducirlos. Su preescolar aprenderá pronto una importante regla: hablar claro y con amabilidad en vez de ser gruñón y poco comunicativo.

Prevenga el problema

Busque a su hijo cuando se porte con amabilidad

Cuando su hijo no gima, dígale cuánto le gusta estar con él. Su atención le muestra las recompensas por conservar una actitud positiva.

Resuelva las necesidades de su hijo

Asegúrese de que su hijo coma, se bañe, se vista, duerma y reciba muchos abrazos con regularidad, para así prevenir que se vuelva gruñón por causa del hambre, el cansancio, estar mojado, o demasiado molesto para contarle sobre sus sentimientos sin lloriquear.

Resuelva el problema

☞ *Qué hacer*

Defina *lloriquear*

Compruebe que su hija sepa con exactitud lo que usted quiere decir con *lloriquear*; luego, explíquele cómo le gustaría que le pida algo o que le diga lo que quiere sin lloriquear. Por ejemplo, diga: "Cuando lo pidas en forma correcta, te daré jugo de manzana. Quiero que me hables así: 'Mamá (o Papá), ¿por favor puedo tomar jugo de manzana?'" Si su hijo no habla todavía, muéstrele cómo indicar lo que quiere con gestos o posturas. Deje que practique al pedir cosas con amabilidad al menos en cinco oportunidades. Asegúrese de satisfacer sus exigencias, para probarle que pedir con amabilidad trae resultados.

Establezca un "sitio para lloriquear" si es necesario

Si los gemidos de su hijo continúan aunque usted le haya enseñado cómo expresarse con amabilidad, déjele saber que él tiene el derecho de experimentar sentimientos y frustraciones que sólo el lloriqueo puede calmar. Dígale que puede gemir cuanto quiera, pero que debe hacerlo en el "sitio para lloriquear", un área designada para eso. Dígale que usted no quiere estar cerca de él cuando no puede decirle lo que quiere por estar lloriqueando, y que cuando termine de gemir, puede volver a salir. Diga: "Siento que estés molesto. Puedes ir al sitio para gemir y volver cuando te sientas mejor".

No tenga en cuenta los lloriqueos

Como los lloriqueos son tan angustiantes, usted puede caer fácilmente en prestarle más atención a su niño cuando gime que cuando permanece tranquilo, aunque esa atención no sea necesariamente una muestra de cariño. Luego de llevarlo al sitio para lloriquear y darle luz verde para que desahogue su frustración, póngase unos audífonos o centre su atención en algo más hasta que los gemidos concluyan.

Elogie los momentos sin lloriqueos

Para mostrarle a su hijo el intenso contraste en las formas como reacciona usted cuando él lloriquea y cuando no lo hace, elogie inmediatamente los momentos de tranquilidad al decir: "¡Te has portado con mucha amabilidad! ¡Vamos por un juguete!" o "¡No te he escuchado lloriquear por largo tiempo!" o "¡Gracias por no gemir!"

☞ *Lo que no debe hacer*

Rendirse ante los lloriqueos

Si usted le concede atención a los gemidos de su hijo al molestarse o darle lo que quiere, le enseña que lloriquear es la forma de obtener lo que quiere.

Lloriquear

Las quejas de los adultos pueden sonar como gemidos para un niño. Si usted lo hace, su preescolar puede pensar que está bien que él lo haga. Si está de mal humor, no se enfurezca con su hijo simplemente porque está furioso con el mundo. Sólo dígale que está fuera de sus casillas, pero no gima al respecto.

Enojarse con su hijo

No se enoje con su hijo porque él esté pasando por un "mal" día. Él no sólo confundirá sus arranques con atención, sino que experimentará una sensación de poder sobre usted al haberlo enfurecido. Es posible que continúe gimiendo para demostrarle que él es quien manda.

Castigue a su hijo por lloriquear

La vieja réplica: "Yo te daré algo para que llores de verdad" sólo crea un conflicto entre usted y su hijo. Eso le dice que lloriquear nunca está bien, lo cual la hace sentir culpable por experimentar sentimientos de frustración. Permita los lloriqueos con restricciones, porque gemir puede ser la única forma que tenga su hijo para desahogar las frustraciones en algún momento.

Olvidar que es una etapa

Su hijo puede tener un mal día o entrar en una etapa donde nada le gusta, así que puede pasar más tiempo lloriqueando hasta que vuelva a sintonizarse con el mundo. Dígase: "Esto también pasará", mientras trata de aliviar su espíritu al elogiar su buena conducta.

La silla para los lloriqueos

Desde el momento en que se despertaba en la mañana, hasta que cerraba los ojos en la noche, la pequeña Aurora González, de tres años, era un torbellino constante de lloriqueos: "Mamá, ¡quiero algo de comer! Mamá, ¿qué hay en televisión? Mamá, ¿adónde vamos? Mamá ¡álzame!"

La señora González trataba de no tener en cuenta el ruido de su hija, pero con frecuencia cedía a las peticiones de Aurora sólo para que permaneciera tranquila. No obstante, los gemidos y el lloriqueo comenzaron a rechinar en los nervios de la señora González, hasta que un día gritó: "Aurora, ¡deja ya ese estúpido gimoteo! ¡Suenas horrible!"

Gritarle a Aurora sólo sirvió para incrementar su gimoteo, así que la señora González decidió que tenía que buscar un método distinto. Decidió intentar con una variación del tiempo fuera, la técnica que usaba cuando su hija se portaba mal.

"Esta es la silla de los lloriqueos", le dijo a su hija a la mañana siguiente, después de que comenzara su rutina regular de gemidos. "Siento que estés lloriqueando ahora. Tienes que sentarte aquí hasta que termines de gemir. Cuando lo hagas, puedes levantarte y jugaremos con tus muñecas". Sentó a su hija en la silla que había seleccionado para este propósito, y luego se fue para asegurarse de

no estar cerca y de no concederle a su hija la menor atención. Cuando escuchó que los gemidos se detuvieron, volvió junto a su hija y la elogió. "Oh, me encanta la forma en que dejaste de lloriquear. Vamos a jugar".

Cuando la señora González se dio cuenta de que su hija iba a la silla de los lloriqueos cerca de diez veces al día, decidió dar el siguiente paso y enseñarle a Aurora cómo evitar sentarse en la silla de los gemidos. "Cuando me hables con amabilidad, te daré una bebida", le explicó. Después le enseñó a la niña cómo pedir amablemente algo: "Mamá, por favor, ¿puedo tomar una bebida?"

La niña practicó estas instrucciones cada vez que quería algo que, antes, buscaba recibir al gemir. Aunque los lloriqueos de Aurora nunca desaparecieron por completo (continuaba gimiendo en sus días "malos"), la señora González se sintió más satisfecha de la relación con su hija.

Apéndice I

Medidas de seguridad a prueba de niños
(Lista de control)

Estadísticas alarmantes muestran que los accidentes son la primera causa de muerte de los niños pequeños. La mayoría de los accidentes ocurren como resultado de la curiosidad normal y saludable de los niños. Las oportunidades de resultar heridos aumentan cuando los niños se arrastran, trepan, suben y exploran. La siguiente lista de control muestra los pasos que deben seguir los padres para evitar accidentes domésticos.

- Conserve siempre las armas de fuego y navajas guardadas bajo llave y fuera del alcance de los niños. Cada arma tiene que conservar puesto el seguro y las municiones deben guardarse bajo llave en un sitio separado y fuera del alcance de las manos pequeñas.
- Instale cerraduras a prueba de niños en todos los gabinetes y cajones que contienen objetos peligrosos.
- Gatee por la casa en cuatro patas para localizar peligros tentadores que deban ser eliminados.
- Tape las conexiones eléctricas con protectores de plástico designados para ese propósito.
- Retire las extensiones eléctricas que no use.
- Coloque los muebles grandes frente a las tomas de corriente que tienen cables conectados, o instale protectores para evitar que los niños desconecten los cables.
- Si hay mesas pequeñas que no sean sólidas o que tengan esquinas puntiagudas, guárdelas hasta que su hijo sea mayor, o instale protectores en los bordes y puntas.

- Los muebles grandes, sobre los cuales pueda treparse su hijo y llegar a volcarlos, deben ser asegurados en la pared.
- Guarde las sustancias para el hogar que resulten peligrosas, como detergentes, líquidos para limpiar, cuchillas para afeitar, fósforos y medicinas en un gabinete cerrado y fuera del alcance de los niños.
- Instale un protector adecuado en la chimenea.
- Use siempre asientos de seguridad para el auto adecuados para sus hijos.
- Revise con frecuencia los juguetes, para ver si hay filos cortantes o si están rotos en pedazos pequeños.
- Revise el piso en busca de pequeños objetos que su hijo podría llegar a comerse o con los que podría atragantarse.
- Instale una reja en las escaleras para prevenir accidentes cuando los niños no están supervisados.
- Nunca descuide a su bebé en la mesa de cambio de pañal, en la bañera, en un sofá, en su cama, en un asiento para niños, en una silla alta, en el suelo o en un auto.
- Tenga siempre a mano jarabe de ipecacuana para inducir el vómito en caso de que su niño llegue a ingerir veneno no corrosivo.
- Conserve los artículos de mesa pequeños y frágiles fuera del alcance de los niños.
- Conserve cerradas las puertas de los baños todo el tiempo. Use cerraduras a prueba de niños si su hijo sabe cómo abrir las puertas.
- Instale dispositivos de seguridad en las tapas de los inodoros.
- Conserve las bolsas plásticas y los objetos pequeños (alfileres, botones, nueces, dulces duros, monedas) fuera del alcance de los niños todo el tiempo.
- Compruebe que los juguetes, los muebles y las paredes no contienen pintura con plomo. Consulte en las etiquetas para estar seguro de que los juguetes no son tóxicos.

- Enseñe la palabra *caliente* tan pronto como pueda. Mantenga a su hijo lejos del horno caliente, la plancha, los conductos de ventilación, la chimenea, la estufa de leña, las parrillas para asados, los cigarrillos, los encendedores y las tazas calientes de té y café.
- Coloque siempre los mangos de las cacerolas hacia el interior de la estufa cuando cocine, y guarde los encendedores de gas para la estufa cuando no estén en uso.
- Si no tienen seguros, instale cerraduras de seguridad en los congeladores y en la puerta del horno.
- Levante siempre los barandales de la cuna cuando su hijo (incluso cuando es una pequeña criatura) se encuentre en ella.
- No use manteles que cuelguen de la mesa cuando su pequeño se encuentre cerca.
- Nunca ate juguetes en la cuna o en el corral. Su hijo puede estrangularse con la cuerda. Tampoco ate jamás un chupete a una cuerda que pueda enredarse alrededor del cuello de su hijo.

Apéndice II
¿Es mi hijo hiperactivo?

Si sospecha que su hijo es hiperactivo, las siguientes líneas generales pueden ayudarle a saber qué esperar cuando su comportamiento sea evaluado. Sólo un detallado examen de su hijo y la forma como navega en su mundo puede conducir a un diagnóstico adecuado y a un plan de tratamiento efectivo. Cuando conduce una evaluación exhaustiva, un profesional de la salud mental (psiquiatra, psicólogo, trabajador social) reunirá información en las siguientes áreas:

A. La historia familiar, incluyendo:

1. La historia del desarrollo de su hijo, de su escuela y del tratamiento

2. La historia psiquiátrica de su familia

3. Todo los exámenes de diagnóstico hechos previamente a su hijo

4. Listas de control de conducta hechas por los padres, profesores, etcétera.

5. El funcionamiento social de su hijo en casa, en el vecindario, en el jardín infantil

6. Cómo entiende y reacciona su familia a la conducta del niño

7. Los patrones de sueño de su niño

8. Las dietas y las alergias de su niño

9. Un análisis de los factores relacionados con la conducta de su hijo, incluyendo:

a. Cómo interactúa su hijo con su madre, padre, hermanos, semejantes, profesores, entrenadores, etcétera.

b. Cómo reacciona su hijo en casa, en el jardín, en reuniones sociales, en el vecindario, etcétera.

c. Cómo asimila su hijo la lectura, la escritura, las tareas, los juegos de video, el vestirse, etcétera.

d. Cómo se comporta su hijo temprano en la mañana, al llegar del jardín infantil, durante las comidas, cuando está cansado, a la hora de acostarse, etcétera.

B. Una entrevista con su hijo para completar la siguiente información:

1. La comprensión y los pensamientos del niño sobre sus problemas

2. El funcionamiento emocional general del niño

C. El análisis de la conducta del niño en el jardín infantil, que incluye:

1. Listas de control de conducta completadas por el profesor

2. La interpretación del profesor y sus reacciones a la conducta de su hijo

3. Las observaciones a su hijo en clase, a lo largo de muchas tareas y escenarios

D. Pruebas formales para observar lo siguiente:

1. Funcionamiento cognitivo general

2. Cumplimiento de tareas

3. Tareas de atención

4. Procesamiento del lenguaje

5. Habilidades sensorio-motrices

Notas

Introducción

1. Lawrence Kohlberg, "Moral Stages and Moralization: The Cognitive-Developmental Approach", en T. Lickona (ed.), *Moral Development and Behavior*, Holt, Rinehart y Winston (1976).
2. Harriet H. Barrish, PhD., y I. J. Barrish, PhD., *Managing Parental Anger*, Overland Press (1985).
3. Richard Rhodes, *Why They Kill: The Discoveries of a Maverick Criminologist*, Alfred A. Knopf (1999).
4. Beth Azar, "Defining the Trait That Makes Us Human", *APA Monitor*, Vol. 28, No. 11 (noviembre de 1977).
5. Barbara Unell y Jerry Wykoff, 20 *Teachable Virtues*, Perigee Books (1995).

Jugar a disparar

1. M. M. Lefkowitz, L. D. Eron, L. D. Walder y L. R. Huesmann, *Growing Up to Be Violent*, Pergamon Press (1977).
2. R. Potts, A. C. Houston y J. C. Wright, "The Effects of Television for and Violent Content on Boys' Attention and Social Behavior", *Journal of Experimental Child Psychology*, 41 (1986): 1-17.
3. R. B. McCall, R. D. Parke y R. D. Kavanaugh, "Imitation of Live and Televised Models by Children One to Three Years of Age", *Monographs of the Society for Research in Child Development*, 42, Serial No. 173 (1977).
4. D. Singer y J. Singer, "Family Experiences and Television Viewing As Predictors of Children's Imagination, Restlessness, and Aggression", *Journal of Social Issues*, 42 (1986): 107-24.
5. L. A. Joy, M. M. Kimball y M. L. Zabrack, "Television and Children's Aggressive Behaviour", en T. T. Williams (ed.), *The Impact of Television: A natural Experiment in Three Communities*, Academic Press (1986).
6. L. R. Huesmann, "Psychological Processes Promoting the Relation between Exposure to Media Violencie and Aggressive Behavior by the Viewer", *Journal of Social Issues*, 42 (1986): 125-39.
7. J. E. Grusec, "Effects of Co-Observer Evaluations of Imitation: A Developmental Toleration of Real-Life Aggression?" *Developmental Psychology*, 10 (1973): 418-21.

Agradecimientos

Queremos agradecer a todos los padres y personas dedicadas al cuidado infantil, quienes siguen reforzando nuestra creencia en que disciplinar sin gritar ni dar palmadas siempre será la vía más amable y efectiva para enseñar a los niños a convertirse en personas independientes, compenetradas, responsables y con autocontrol.

También queremos agradecer a Bruce Lansky, por su confianza permanente en este libro durante las dos décadas pasadas.

Nuestro dedicado y reflexivo editor, Joseph Gredler, fue un juez muy capaz durante la revisión y ampliación de *Disciplina sin gritos ni palmadas*, texto que ha sido una confiable y responsable guía para miles de padres. Agradecemos a Meadowbrook Press por la oportunidad de ayudar a que una nueva generación de padres pueda disciplinar a sus hijos con medios prácticos y afectuosos.